ENTERPRISE
AS
ALGORITHM

企业即算法

实现指数级增长的敏捷转型之道

王亚军 ◎ 著

机械工业出版社
China Machine Press

图书在版编目（CIP）数据

企业即算法：实现指数级增长的敏捷转型之道 / 王亚军著. -- 北京：机械工业出版社，2021.7

ISBN 978-7-111-68688-0

I. ①企… Ⅱ. ①王… Ⅲ. ①企业经济 Ⅳ. ①F27

中国版本图书馆CIP数据核字（2021）第138333号

企业即算法：实现指数级增长的敏捷转型之道

出版发行：机械工业出版社（北京市西城区百万庄大街22号　邮政编码：100037）	
责任编辑：施琳琳	责任校对：殷　虹
印　　刷：北京文昌阁彩色印刷有限责任公司	版　次：2021年8月第1版第1次印刷
开　　本：170mm×230mm　1/16	印　张：16.5
书　　号：ISBN 978-7-111-68688-0	定　价：79.00元
客服电话：(010) 88361066　88379833　68326294	投稿热线：(010) 88379007
华章网站：www.hzbook.com	读者信箱：hzjg@hzbook.com

版权所有·侵权必究
封底无防伪标均为盗版

本书法律顾问：北京大成律师事务所　韩光/邹晓东

▶ 推荐序 ◀

企业的成长与进化

我在走访上市公司的过程中发现,不管公司规模大小,大多都会面临成长的烦恼:发展太快的时候,公司会担心自身的组织架构能否撑得住、资金能否跟得上;苦练内功的时候,公司又担心发展速度会不会太慢、投资者是否满意。当今世界越来越不确定,成长的烦恼成为企业亟待解决的问题。

王亚军先生所著《企业即算法》一书,也许能帮助很多企业家更好地应对这种烦恼。这本书探讨的主要问题就是,当经营环境日益复杂、模糊、不确定的时候,企业应该怎样做才能持续成长,既做大规模又提升质量。

几年前,我曾读过英国物理学家杰弗里·韦斯特的《规模》,这本书对我触动很大。企业像生物一样,也有自身规模与寿命的极限,当然,背后也有自己的科学规律。结合韦斯特对规模的研究和企业的现实,王亚军先生提出了"企业即算法"这一理论,很好地化解了企业规模增长所带来的管理复杂度和指数级增长的管理成本。企业经营管理中出现的很多问题,虽然表面上看千差万别,但究其本源,都是由一些非常基本的企业共同假设、价值观、思维方式等决定的。如果能够识别企业的这些共同假设、价值观、思维方式等，并把它们有机组合为"企业算法"，那将有助于大家达成共识，进而提高决策质量。同时，在解决新问题的过程中，要注意不断修正算法，逐渐形成"举一反三"的组织能力。这样就能有效降低管理复杂度和成本，不断突破企业规模增长的极限。

面对不确定性、复杂性、模糊性越来越高的大环境，企业需要通过一定的算法转型为敏捷组织。这不仅是组织形式的变化，更重要的是人员思维方式和心态的转变。比如在敏捷组织中，战略的内涵发生了变化，战略的作用、战略和执行的关系、战略制定的方法等，也都需要重新思考。王亚军先生认为，敏捷组织中的战略是"有计划的机会主义"，这个观点乍一看不太好理解，但是细想一下就能接受，在敏捷组织中的确需要这样来看待战略，这很好地解决了战略与执行两层皮的问题。

敏捷组织的运行方式，也是彼得·德鲁克先生管理思想的一种实践。他认为，"管理的本质是激发人的善意和潜能"，人的本性是追求自由，一味地控制会束缚人的思维和活力。我早年在北新建材做厂长的时候，就推崇"以人为中心"的管理理念，对员工好就是对企业好，这也是我做企业一直坚持的原则。王亚军先生所描述的敏捷组织，就是一种以人为中心的组织形式，让人在工作中更有意义感和成就感，也会更加主动积极地与他人协作。从这个意义上说，东方和西方的管理思想，最终会在"人"上形成交集。

我比较欣赏作者对事物本质的探究，能让领导者更好地抓住重点，否则很容易陷入纷繁复杂的事务性管理之中。为了更好地理解敏捷组织，这本书给出了两条主线：一条是如何持续提高决策质量、速度并降低成本，另一条是如何持续提高协作质量、速度并降低成本。

领导者最重要的工作之一就是做决策，那么如何提高决策的质量和速度呢？我自己深耕企业40年，深知其中的不易。那些困难面前的煎熬纠结、战略选择时的彷徨忧虑、独辟蹊径的思维模式以及冲破迷雾的智慧火花，实际上都是一个个鲜活的决策场景。选择什么、不选择什么，取决于企业的战略目标、看待事物的格局以及处理复杂问题的能力，而无论最后做出什么样的决策，都要经过一番思想斗争。做决策需要无数次否定之否定，是一项非常艰辛的劳动。王亚军先生沿用诺贝尔经济学奖得主赫伯特·西蒙先生"管理即决策"的视角来看待组织中的各种工作，让决策成为组织的核心能力。无论是什么样的企业，这种能力都有很大的价值。

大企业的一个永恒话题，就是如何提高协作的质量和速度。不仅企业内部协作要高效，跨越企业边界与外部力量的协作也要高效，这样才有可能解决企业未来将要面对的日益复杂的问题。如果企业内部协作问题百出，部门壁垒严重，谷仓效应⊖随处可见，那么要想实现好的外部协同，只能是水中望月。对于协作面对的诸多现实挑战，书中也给出了应对之策，涵盖从流程到文化、从科学思维到成长思维、从财务激励到组织使命等多个维度。对于管理上的长期难题，只有从多个维度下手，才能找到系统的、整体的解决办法。

敏捷组织决策和协作这两条主线，是沿着西方管理思想梳理出来的，但把它们捻在一起的是中国的儒家思想，即知行合一。在企业经营管理中，知易行难很常见，不少管理者在长年累月的疲惫中，也接受了这个现实。但是，真正的企业家和领导者都不会接受"说一套，做一套"。这本书在很多地方都强调真实、实事求是、结果导向、主动寻找不同看法等，其实都是为了让企业能够更好地做到知行合一。王亚军先生从社会文化、企业文化、科

⊖ 谷仓效应也称筒仓效应，指企业内部缺少沟通，部门间各自为政，只有垂直的指挥系统，没有水平的协作机制，就像一个个谷仓，各自拥有独立的进出系统，但缺少了谷仓与谷仓之间的沟通和互动。

学方法、心理学、领导力等多种角度，解释了为什么知行合一那么难，也给出了改进的建议，很有实用价值。

在企业管理上，我们过去更多地借鉴西方管理思想。现在，中国企业在规模和质量上都已今非昔比，一些优秀的企业家、领导者在经营与管理上结合东西方思想的精华，形成了自己的独创思想，而且一些西方企业也开始向中国优秀企业学习。

中国不仅涌现了一批优秀的企业和企业家，更重要的是中国也迈向了出企业家思想的时代。王亚军先生在中美两国的学习和工作经历，在国际咨询公司和中国民营企业担任高管的职业经历，再加上涉猎广泛的阅读和学习，让他既能融通东西方管理思想，又兼具理论的深度和实践性。这本书提出了一些原创性的方法和框架，正如作者所说，这是一个持续迭代的过程，也是新的众创的开始。

我希望这本书能帮到更多的企业家和领导者，打造出更多以人为中心的大规模高绩效企业，实现持续成长和进化。

宋志平
中国上市公司协会会长
中国企业改革与发展研究会会长

▶ 序 言 ◀

走少有人走的路

任何企业的历史，都是由持续的决策、行动和结果产生的。对于一家企业，当我们去看它的过去和现在，或者思考并创造它的未来时，一般会有两种不同的视角：一种是旁观者，比如学者、顾问、媒体；另一种是局中人，比如创始人、CEO、高管、中层和基层员工。由于视角不同，我们的思考方式、行动与结果就可能有所不同。这些不同体现在空间、时间、人性三个维度上。

在空间维度上，不同视角带来不一样的认知。就像看一棵大树，局中人只是看到了叶子或树枝，有人看到的是几片叶子，有人看到的是叶子长在树枝之上，有人看到的是小树枝长在大树枝上、大树枝长在树干上。局中人视角很难看到大树的全貌和各种关系。而旁观者能够变换角度来看同一棵大树，每个角度都会带来新的信息，比如从顶上看到的是大树的一堆树叶，从侧面看到的是树叶、树枝、树干的关系。如果想办法去研究不能直接看到的部分，就会发现土壤里有树根、树干中有毛细管；如果进一步研究，也许还能发现一些更深层的规律，比如在同一层级的所有树枝的截面积之和等于树干的截面积。看企业也是如此，局中人看到的多是与自己日常工作相关的那些事物，而其他主要依靠推测；旁观者可以跳出自己的角色，或者本身就是一个外部角色（如咨询顾问、教授等），就可以变换不同的角度观察和分析，得出有关大树结构的更全面的结论。

在时间维度上，不同视角的差异更大。上述有关大树的描述只是某个时点的观察，不过，这棵大树是如何从种子长起来的？今后会怎么生长呢？旁观者也许根据过去的照片、树干和树枝的疤痕、年轮等数据推算出这棵大树的生长轨迹，但是局中人经历了整个历史，知道哪年有大旱、哪年被雷击、有多少次大修剪等。对企业来说，旁观者不需要做影响未来的决策，更倾向于解释历史，通过对多个案例做现状观察和历史研究，寻找共性与总结规律，并把这些规律推演到更大范围的企业群体，甚至推演到未来，往往称之为最佳实践。这种思考方式属于归纳推理，但由于受到后见之明和数据的局限，旁观者通过自己视角形成的叙事与实际情况也许有很大偏差，甚至会陷入成功学的范畴。

而企业的局中人必须要做决策来指引行动，在任一时点都会面临不确定的未来，每个决策都会影响未来企业的走向和可能性。局中人的思考方式采用演绎推理，先对如何实现未来目标形成一种构想或理论，然后采取行动并在此过程中根据观察到的现象不断测试这个理论，进行必要的调整来指导下一步的行动，从而更加接近自己的目标。

在人性维度上，两种视角的差异会进一步加深。旁观者站在现在看过去，面对已经确定发生的事情，可以心平气和地思考。局中人站在现在看未来，面对未来的不确定性，需要信念、勇气和爱来克服恐惧，才能做决策并承担后果；碰到挫折、失败时也许会沮丧、怀疑、灰心、沉沦，需要找到办法让自己坚持下去；如果之前的决策是错的，依然需要勇气承认错误，坦然面对别人的批评，调整思路再往下走。就像我们在地面上研究各种关于游泳的理论、通过看视频来学习游泳，但是当第一次落到水中时，内心的恐惧就会绑架我们的思想，那些游泳技能只是停留在大脑中的知识而不能转化成行动，这时一根稻草也许能给我们些心理安慰，但是终究救不了命。

因此，局中人往往只有在回顾历史时，结合旁观者的视角，才能识别出所谓的历史关键事件、关键选择、关键行动，并分析清楚它们是如何让企业一步一步长成了现在的样子。那些现在所认为的关键决策，当时似乎只是众多决策中的一个而已。当躬身入局去打造一家卓越企业时，就会意识到真正重要的是怎样才能持续稳定地做出高质量决策并执行到位，而不是执念于事后才能判断出来的所谓关键决策，那些只是成功的结果而不是成功的原因。

长期持续的行为就是习惯。类似个人，企业各种习惯的集合也许就是企业的"性格"。个人性格可以改变吗？很难，但是可以改变。企业性格可以改变吗？很难，但也是可以改变的。众多研究指出，大型企业转型成功的概率大致是 1/3，那些成功者会更关注员工心态和思维模式的改变。

企业要想深层转型，重要的不是表面上采用新的战略或组织结构，而是要改变企业的习惯和性格，使其未来能持续稳定产出高质量的决策和行动，进而创造更好的命运。深层转型，是与高失败率的抗争，是对企业自己的超越，是逆天改命。

本书的目的是帮助组织改变性格进而创造不一样的未来。敏捷组织是可以承载面向未来能力的一种组织方式，是把改变当成日常的一部分。有关组织的各种新概念层出不穷，除敏捷组织外，还有学习型组织、扁平组织、合弄制组织、阿米巴组织、青色组织、液态组织、水样组织、平台组织、赋能型组织等。其实，这些不同概念之间的共性远大于差异。概念层出不穷，说明这个问题首先很重要，其次很难解决。但是，概念多了容易让实践者乱花迷眼，陷入概念之中而忘了要解决什么问题。

更好的策略是下探一层去思考，理解我们到底要解决什么问题，之后才去选择相应的方式。就像对组织应该是集权还是分权的讨论，永远没有完美的答案，而是动态变化的，受技术、地理、气候、哲学、宗教、文化等各种因素的影响。不管采取哪种方式，目的都是要通过更少的人去做更大、更难的事情，让组织更有竞争力。

任何组织面对的核心问题都是如何持续做出最优决策并以此行动和产生结果，而组织模式只是帮助我们解决这个问题的手段，叫什么名字其实不重要。我之前的工作体会也说明了这个观点。

2012年年初，我从麦肯锡加入龙湖，负责战略。之前是从外部帮企业解决战略和经营问题，算是积极的旁观者；后来变成企业的局中人，发现只有深度切入组织能力建设的议题中，才能让战略真正落地。恰好在麦肯锡工作期间，我与几位同事一起建立了大中华区战略和组织转型业务，对组织问题有系统的研究。在龙湖这些年，我大致是在有方向感的情况下持续解决问题，但是会注重解决方案的系统性，并在此过程中尽力改变大家的心态和思维方式，深度嵌入变革管理的方法。

多年后回头去看我这些年的工作，当把一些关键点串起来的时候，结果呈现出一个敏捷组织的模样。其实，我只是到2018年才看了一些关于敏捷组织的文章，而在龙湖工作期间从来没有用过这个名词。就像天上的星星，是因为天体物理规律和各种偶然性才让它们出现在那里，而不是因为有"北斗七星"或"大熊星座"这些名字后才出现。这些名字承载的是想象而不是规律，有助记忆但不改变现实。龙湖自2011年荣登"福布斯全球上市公司2000强"以来，排名连续10年上升，2021年首次跻身全球上市公司200强之列，在房地产行业拥有最高的市盈率，这些都不是当时的目标，只是很多人过去持续做正确的事而产生的连带结果。

就局中人而言，做比说重要，能做就不用说。随着对过去工作的复盘和总结，把点连成线、线连成面，我终于解开了长期困扰我的一个谜团。过去有不少我认为比较自然的方法，却很难向他人解释清楚，现在看来就是因为那时没能描绘出一张全景图，致使他人看不到来龙去脉。这张图最初只是个朦胧的想法，有不少非共识、非常规、非传统的思路和做法，很难在点上讲清楚，或者我那时其实也不是很明白，通过边做、边想、边画、边改，慢慢成形。本书就是我所理解的大规模高绩效敏捷组织的全景图，认同它的实践者可以在此基础上进行迭代，最终形成属于自己的一张图。

本书不是最佳实践的总结，也不是学术论著，而是结合了局中人和旁观者视角的思考，来自实践经验和初步的理论探索。按照科学思维的原则，任何观点在未来都要被持续检验、不断迭代，甚至可能被推翻，本书的观点也不例外。这也是敏捷理念的特点。

本书分为三个部分。第一部分先介绍敏捷组织的基本概念，为什么在充满高度不确定性的世界里需要敏捷组织，以及敏捷和变革之间的关系。之后提出解决企业规模问题的"企业即算法"理论框架，这是帮助企业走上指数级增长轨道的深层逻辑，符合自然界的生长法则。

第二部分详细介绍大规模、高绩效敏捷组织的构成，核心是建立共同的方向感，在此指引下不同层级的组织单元主动寻找机会，通过专业分工与协作来设计策略和开展行动，在行动中不断学习、调整和进化，进而借着组织平台的支持，实现目标。

第三部分讨论个人修炼与敏捷转型，先介绍个人行为驱动四元框架和领导动力飞轮，在第一性原理的层面理解行为动机和领导力修炼。然后提出一种围绕敏捷内核生长的转型方法，用指数级增长的领导力驾驭指数级增长的组织。

由于第二、第三部分的内容有很多相互支撑和渗透，建议阅读时可以在读完第三部分后回头再读一遍第二部分，会有不一样的阅读收获。

本书有一些贯穿各个部分和章节的主线，我在这里简单介绍一下，在阅读时更容易把这些看似独立但高度相关的问题联系起来。

1. **管理即决策**。企业发展的过程就是持续做出决策并以此行动的过程，这条主线触及企业的方方面面。其实，诺贝尔经济学奖得主赫伯特·西蒙在几十年前就提出这个观点，在当今这个信息过载的时代，它的价值更为凸显，可以穿透概念而触达本质。

2. **价值来自协作**。组织存在的理由，就是通过专业分工和高质量协作，用比市场交易成本更低的内部协作成本，做到个体无法做到的事。只有通过协作才能产生价值。

3. **动力学思维**。动力学思维兼顾因果关系和时间效应，以动态的逻辑来推动个人或组织的演进，实现指数级增长。与之相对应的是静态思维、机械思维或拼图思维，比如把标杆做法、最佳实践合拼在一起来打造一家大企业。静态思维也许能创造一家 60～70 分的企业，但是肯定做不到优秀，更无法实现卓越。

4. **以道驭术**。绩效不佳的企业往往不是不懂管理技术，如战略制定、财务管理、绩效管理、OKR 等，相反，它们可能更热衷于管理潮流、最佳实践。真正的问题是技术难以融会贯通，有招式而缺心法，动作复杂而低效；反之，则可以重剑无锋，大巧不工。

5. **实践与理论相结合**。实践者的目的是解决问题，而大企业的领导者必须要有理论甚至哲学素养，在事物本质层面吃透和交圈，进而才能由内及外、由深及浅来驾驭规模。书中的企业即算法、行为驱动四元框架、领导动力飞轮等，都是用来构建指数级增长的敏捷组织的逻辑。

希望本书能帮助目标高远的企业家、有企业家精神的领导者、相信管理创造价值的投资者，打造出更多指数级增长、大规模、高绩效的敏捷组织。我也期待更多的实践者能在此基础上创新、修正、分享，未来让这个方法迭代升级到新版本。

王亚军

2021年5月于北京

▶ 目录 ◀

推荐序　企业的成长与进化

序　言　走少有人走的路

第一部分　透视敏捷与规模　　　　　　　　　1

第1章　敏捷：未来企业生存之道　　　　　　3
　　　　稳定是幻相，变化是常态　　　　　　　4
　　　　以敏捷应对变化　　　　　　　　　　　9
　　　　敏捷需要把人当人　　　　　　　　　　11
　　　　敏捷是连续微转型　　　　　　　　　　13

第2章　规模：实现指数级增长　　　　　　　17
　　　　企业即算法、决策与分形　　　　　　　18
　　　　企业算法提高管理杠杆　　　　　　　　24
　　　　企业算法的结构　　　　　　　　　　　27

用企业算法突破规模瓶颈	31
迭代企业算法实现深层转型	34

第二部分　构建大规模敏捷组织　　39

第 3 章　方向感　　41
　　使命与愿景　　42
　　企业价值逻辑　　46
　　长期管理理念　　50

第 4 章　敏捷战略　　54
　　战略是有计划的机会主义　　54
　　提高生存概率　　60
　　走少有人走的路　　68
　　识别独特机会　　78

第 5 章　战略知行合一　　85
　　战略即执行，执行即战略　　86
　　戒定慧：战略制定　　88
　　信愿行：战略执行　　89
　　建立分布式战略能力　　91
　　战略共谋　　93

第 6 章　协作解决问题　　101
　　协作的两种逻辑　　101
　　动态协作的工作站模式　　104
　　跨专业职能协作　　109

　　　　　大组织中的协作陷阱　　　　　　　　　　115

第 7 章　激发协作意愿　　　　　　　　　　　　125
　　　　　共同的企业假设　　　　　　　　　　126
　　　　　成长型思维　　　　　　　　　　　　127
　　　　　科学思维　　　　　　　　　　　　　129
　　　　　基石价值观　　　　　　　　　　　　131
　　　　　既要结果也要过程　　　　　　　　　139

第 8 章　学习与迭代　　　　　　　　　　　　　143
　　　　　学习与学习型组织　　　　　　　　　144
　　　　　向过去学习　　　　　　　　　　　　148
　　　　　向现在学习　　　　　　　　　　　　156
　　　　　向未来学习　　　　　　　　　　　　159

第 9 章　稳定系统　　　　　　　　　　　　　　161
　　　　　高度透明的管理体系　　　　　　　　163
　　　　　稳动型组织架构　　　　　　　　　　166
　　　　　管理规则化、数据化、产品化　　　　168
　　　　　基于场景的标准决策流程　　　　　　172
　　　　　粗线条的绩效和激励体系　　　　　　174

第三部分　领导力与组织敏捷转型　　　　　　　179

第 10 章　行为驱动四元框架　　　　　　　　　181
　　　　　驱动力四元框架　　　　　　　　　　182
　　　　　四元框架的应用　　　　　　　　　　186

	感知与平衡	191
第 11 章	领导动力飞轮	194
	领导力发展的悖论	196
	理解领导动力飞轮	197
	解构领导力表层素质	203
	修炼领导动力飞轮	206
第 12 章	敏捷转型之道	208
	转型需要动力学思维	209
	构建敏捷内核	213
	围绕内核生长	218
附录	企业战略五层楼	225
致谢		239
注释		241

01

第一部分

透视敏捷与规模

"敏捷"与"大规模"这两个词放在一起似乎是个悖论。在小团队中实现敏捷相对容易,也应该如此,初创企业在和大企业的竞争中必须敏捷,需要快速把握机会、行动、配置资源、调整策略,否则很难活下来。但是,当企业规模大了之后,往往需要建立管理体系,制定各种规章制度,做大量协调工作,与此同时,也容易出现管理体系僵化、低效、笨拙等现象。正是因为大多数企业在规模和敏捷之间无法找到很好的平衡,才让那些实现平衡的企业更具竞争力。

我们所处的世界本来就是持续变化的,稳定只是一种阶段性状态。企业必须敏捷才能应对常态性的变化,这就需要把员工真正当人而不是机器,来发掘出大家与生俱来的适应力。敏捷组织不断与外部世界互动并演化,通过持续微转型而减少大规模、高风险的企业转型。(第1章)

企业规模增长碰到瓶颈,是因为内部协作的复杂性增长速度和成本增长速度超过了业务增长速度。企业可以通过模仿自然界随处可见的分形方式,采用"企业即算法"的理论,降低内部协作成本增长速度,突破规模瓶颈,实现高质量、指数级的规模增长。企业要想实现成功的深层转型,必须要在企业算法的层面进行迭代。(第2章)

第 1 章

敏捷：未来企业生存之道

正如我们所看到的，新型冠状病毒（简称"新冠病毒"）给人类造成的影响，不管是在广度、强度上还是在持续的时间长度上，都是前所未有的。然而，比新冠病毒影响更大的危机是气候变化，即由于人类活动产生的二氧化碳及其他一些温室气体，造成地球温度上升而引发一系列问题。全球现在对此逐渐达成了共识，在2006年的纪录片《难以忽视的真相》（*An Inconvenient Truth*）中，美国前副总统艾伯特·戈尔（Albert Arnold Gore Jr.）描绘了人类活动引起的气候变化将会带来的全球性问题；中国在2020年联合国大会上承诺，2030年前实现碳排放达到峰值，力争2060年实现碳中和。这些长期具有确定性而短期极具不确定性的问题，需要一定的时间让大家去理解，但我们最终必须学会如何应对。

这些问题不只是在公共安全领域，在经济、金融等领域其实也随处可见。2008年从美国开始，由房地产不良贷款造成的次贷问题，引起了一场大规模的全球金融危机。2008年9月15日，拥有158年历史的美国第四大投行雷曼兄弟公司正式倒闭，标志着全球金融危机的开始。中国经济也无法置身事外，但是由于那时我国社会债务杠杆率不高，在政府推出4万亿元经济刺激计划后，经济很快回到增长的轨道上。在这个过程中，不少企业体验了濒死经历，也有些企业的确没有熬过去。在房地产行业，如果当时没有4万亿元经济刺激计划，很多今天的大企业可能都不会存在了。

在危机刚开始的时候，一些大型投行和管理咨询公司加大对危机的研究，分析师建立各种模型预测危机会怎样演变，什么时候触底、反弹、恢复，并争先发布研究报告。但是，往往在分析报告发布一两天后情况就会发生很大变化，让这些预测性的分析报告变成废纸。经历几轮后，这些机构发现自己根本无法预测未来，于是改用情景推演的方式来给出指导性意见。

经过这场洗礼，专业研究机构认识到自己的局限性，在新冠病毒开始暴发时，不再试图去做预测而是直接采用情景推演的方式进行分析。正如电影《商海通牒》（*Margin Call*）中的台词："同样的事情不断地发生，我们停不下来。你和我没法控制它，让它停下来或者慢下来。我们只能对此做出该有的反应。"

稳定是幻相，变化是常态

如果我们回看100年前，会发现中国社会的政治、经济、文化等都已发生了翻天覆地的变化。改革开放后的头30年相对稳定的发展时期，和其他时期相比非常独特,是中国的一个超级上升周期,在人类历史上也很罕见。

就中国企业总体而言,过去增长的底层动力是改革开放、加入WTO所带来的几股力量的汇聚。一是发达国家的中高收入消费人群,为中国制造的产品提供了巨大的市场,同时吸引了发达国家的资本到中国来获得更高回报。二是中国与发达国家在技术和管理水平上的差距,可以让中国企业使用被证明过的技术和管理方法来提高生产水平,从而大幅降低犯错成本。三是中国高意愿、低成本的劳动力人群,为中国制造提供了低成本竞争优势。

这段时期,我们习惯了持续上升的市场,也习惯了投资理财的刚性兑付,企业不需要对不确定性环境做太多的思考和准备,重要的是抓住一个个不断呈现出来的机会。然而,推动我们过去发展的这几股力量现在已经开始减弱,站在今天看未来,我们面对的环境不只是不确定,而且还会更加多变、复杂和模糊,即乌卡(VUCA)——多变性(volatility)、不确定性(uncertainty)、复杂性(complexity)和模糊性(ambiguity)。

中国与美国乃至世界的关系正在发生很大的变化,但同时面临共同的危机和挑战,比如流行病、气候变化、贫富差距加大。技术的发展似乎快速趋向一个奇点,让人、社会与技术的关系发生了根本性的变化。中国过去史无前例的飞速发展,让代际差异更加复杂。而中国企业在快速发展中摸索出的管理理念和方法,也开始被其他国家的企业借鉴。

国际环境愈发复杂

中美之间的贸易争端逐渐演变成贸易战,贸易战进一步升级为技术战,未来格局难以预判。全球秩序正在重构之中,政治、经济、商业、教育等各方面的体系都在发生改变。英国《经济学人》杂志提出一个观点:与国际地缘政治相对应,由于技术生态在发达经济体中的重要性,现在需要考虑"国际技术政治"。比如美国对华为及其他一些企业的技术禁运,涉及芯片、高端光刻机等。商业环境变得越来越复杂而多变,企业将面临更多的不确定性。

在复杂多变的国际环境下,企业很难置身事外。华为在西方市场面临的各种挑战,也许只是一个开始。在过去,全球冲突也为企业未来命运的演化提供了一些借鉴,以默克公司为例。美国默克公司是一家全球领先的制药企业,而这家公司的起源是 1917 年第一次世界大战期间,美国政府把德国一家制药企业默克公司在美国的子公司进行了国有化。从此世界上便有了两家独立的默克公司,一家是德国的默克集团(Merck Group),另一家是美国的默克公司(Merck & Co.),后者在美国和加拿大之外需要以 MSD 的名字出现。

自然环境愈发复杂多变

国家之间不只有竞争,还必须合作才能应对全人类面临的一些共同挑战。多年前学术界就开始担心,随着世界人口越来越多、药品使用越来越广泛,未来会出现人类难以控制的超级病毒,比尔·盖茨曾在公开场合提过类似观点,在西方电影中也有类似主题的影片。

气候变化对世界的影响正在进一步加剧。我在 2008 年就曾研究过气候变化带来的影响和投资机会,那时这还只是一个小众话题。现在,我们看到越来越多由气候变化造成的极端天气,比如范围更广、持续时间更长的高温和干旱，更多的森林火灾，更多的飓风和台风引起的洪涝，等等。最初只是保险和再保险公司对这类问题感兴趣，现在有的国家已经发布了全球气候变暖可能造成的海平面上升对城市影响的等水位线图，那些有可能被淹的海景房的市场价格下降，就体现了人们对这种风险的定价。另外，人类对气候变化的理解也加速了诸如风力发电、太阳能发电、电动汽车等新能源和相关行业的发展，而水泥、化工等传统制造行业也必须进一步探索降低温室气体排放的生产和管理方式。针对中国政府提出的碳达峰、碳中和目标，一些金融机构和学者估算未来30年中国需要新增100万亿～500万亿元的绿色低碳投资，比如能源零碳化、交通运输零碳化、建筑和工业低碳或零碳化。

技术奇点预期临近

技术在过去20年里改变了我们很多工作和生活的方式，比如互联网、移动电话、移动互联。2020年受新冠肺炎疫情的影响，场景线上化的进程加快，目前这种趋势并没有减缓的迹象。虽然互联网的早期理想是让信息唾手可得、信息面前人人平等、人与人之间的联系更紧密，但是20年后人们发现大型互联网公司在全世界范围内对信息逐渐形成了垄断。人们在社交媒体和智能推送的影响下，更多地看到自己选择或喜欢看到的信息，形成更紧密的小圈层，但是圈层之间反而更加隔离甚至分裂，更难形成社会共识。

物联网、5G网络、人工智能、机器人技术的逐步成熟和应用，会进一步把人从重复性劳动中解放出来。生物技术的发展，能让负担得起的人更长寿、更健康、更美丽，甚至实现机器和人的结合，比如埃隆·马斯克（Elon Musk）研究的脑机接口，会让人进化成为不同的物种。美国未来学家、作家雷·库兹韦尔（Ray Kurzweil）认为，这些技术正在以指数级速度发展，性能越来越高，成本越来越低，会在某个时间点达到爆发点（奇点），之后人类将产生不可逆的改变，超越生物学的限制，而这个时间点可能会在2045年出现。[1]

《未来简史》一书的作者、以色列希伯来大学历史学教授尤瓦尔·赫拉利（Yuval Noah Harari）认为，在信息、生物技术的发展与融合趋势下，人类变得更像计算机系统一样容易被"黑客攻击"，比如通过大数据分析人对不同事物的反应，可以设计出精巧的微操控方案，让一个人心甘情愿地"主动"做某个选择，但这种"主动"实际上是被编程的结果。他认为技术演变最终会对人类的哲学能力提出挑战，需要重新思考"人类是什么""我是谁""要到哪里去"这些问题。[2]

代际偏好快速演化

每一代人都有自己的故事，但是由于中国过去40年在经济、技术、社会、文化上的变化非常快，从代际认知和行为差异来看，以前20年一个代际，现在则变成了10年甚至5年一个代际。这些差异体现在生活和工作的各个方面。比如，"95后"的年轻人成长在中国经济快速发展的繁荣时期，生活条件比之前好很多，没有强烈的物质匮乏感。相对工作薪酬而言，他们更看重工作环境和整体体验，希望工作能满足自己的兴趣和成就感，愿意尝试新东西，不愿意做不喜欢的事情。

根据不同年代消费者的不同偏好进行品牌更新，是企业的标准做法，但是复杂度越来越高，特别是对数字时代年轻的原住民来说，虚拟世界和现实世界的区隔与融合将创造出跟过往非常不同的生活方式。比如，2021 年 3 月，英国拍卖行佳士得（Christie's）拍卖的一件加密数字艺术品 *Everydays: The First 5000 Days*，是由昵称为 Beeple 的艺术家耗费 5000 天，每天创作一幅数字艺术作品最后拼接而成的。这幅作品最终以超出想象的 6935 万美元成交，约合人民币 4.5 亿元。

总体来讲，推动过去发展的动力正在减弱、转换，而未来的波动性、不确定性、模糊性、多变性都在增强，但是，这种 VUCA 环境带来的不仅是对原有做法的挑战，也带来了无尽的可能性，对企业的选择和应对能力提出更高的要求。这意味着企业必须从抓住机会使劲干、不会出大错的模式，调整到通过创新和试错的方式找到新路径，只有从追随者变为探索者，才能找到自己的路。

以敏捷应对变化

传统组织的理念，类似精密设计、高效运行的机器。从 1910 年开始的 10 年间，福特汽车公司从一家小型汽车企业变成占全球市场份额 60% 的巨无霸企业，它的秘密武器就是高效运转的流水线。这与当时主流的泰勒科学管理理论相一致，通过精密的流程设计和运行来管理流水线与工人，实现工作效率的最大化。亨利·福特甚至说："为什么每次我想雇用一双手，却总要带上大脑呢？"这种机器型组织追求的是在稳定环境中做一件事情的效率最大化，但是，当面对快速变化的环境时，稳定的内部流程与快速变化的外部环境之间就会不断产生偏离，导致组织失去适应外部环境并创造价值的能力。

在外部环境发生剧烈变化时，什么样的组织能更好地生存并繁荣下去？达尔文这样描述：在自然环境中，不是最强壮或最聪明的个体才能生存下去，而是那些最适应变化的个体。

长期生存的组织就像生物体，必须能够适应环境，并在多变的环境中创造一定的业绩确定性，让投资者愿意为这种确定性支付溢价。而极少数组织能由个体进化为生态系统，更开放地让其他企业个体加入其中。虽然生态系统中的个体会较快地出现、成长、衰败、死亡，但是生态系统得到了更高的生存确定性，因此它有更高的投资价值。比如阿里巴巴、腾讯已是生态系统，管理的核心命题已从组织管理转移到生态治理。

敏捷就是对这类能够长期生存的组织性能的描述。组织的运作模式是企业管理中的一个永恒话题，如学习型组织、扁平组织、合弄制组织、阿米巴组织、青色组织等，而这些模式的底层有很多共通的理念，其中最重要的就是激发个体、高效协作。敏捷不是描述组织的结构或运作形式，而是组织产出的结果，是性能。

敏捷最早来源于软件开发领域。传统的软件开发方法是确定开发需求后，通过大团队花很长时间进行开发测试，然后在市场上推广。但是，随着需求变化速度不断加快、开发复杂度不断提升，这种大项目、长周期的开发方式容易产生延期、质量不稳定、产品很快过时等问题。

互联网的普及为软件开发提供了新的思路。2001年年初，17名软件开发人员在美国犹他州成立了敏捷联盟，发布了敏捷软件开发宣言。敏捷方式和传统方式的主要区别如表1-1所示。

表 1-1　敏捷方式和传统方式的主要区别

敏捷方式强调……	传统方式强调……
个体创意和互动	流程和工具
先能用再好用	详尽的文档
客户合作	合同谈判
响应变化	遵循计划

敏捷的理念，之后从软件开发和互联网企业的管理，又进一步扩展到其他行业的管理。实际上，敏捷和传统企业的精益管理具有共同的基因，即持续改善。

敏捷组织的性能包括三个方面：一是外部**适应力**，能够及时感知外部环境变化和评估内部能力，并根据评估结果进行调整，改变自己来适应环境。二是**柔韧力**，在被动适应或主动试错失败之后，还有活下去并自我恢复的能力。三是**成长力**，在适应和恢复的过程中，实现学习和成长的能力。

敏捷需要把人当人

组织到底是像机器还是像生物体？两种不同类比的关键在于是把组织中的人当成机械的零件还是作为生物体的人。当外部指令作用在零件上时，我们可以用简单的物理定律来描述零件的反作用力，由于零件没有学习和适应能力，因此反作用力是线性的。而当外部指令作用在真实的人身上时，人作为一种复杂系统，具有学习和适应能力，他的反应是复杂的、非线性的。这种由人的适应能力导致的对任何管理行为的复杂反应，我称之为管理的二阶效应。

橡树资本创始人霍华德·马克斯（Howard Marks）在《投资最重要的事》（*The Most Important Thing: Uncommon Sense for the Thoughtful Investor*）一书中提到了二阶效应。[3] 一阶效应是表面和直观的，是大家都能看得到的，比如为了让工作更高效、质量更好，上司最好直接告诉下属要干什么。二阶效应更深刻，是对一阶效应计划要采取的行动进行后果评估，综合考虑不同事物间的互动关系和时间上的滞后效应，可能发现当初看起来好的决策会产生不好的后果。

很多企业发展到一定规模后，业务越来越复杂，企业想培养出更多有企业家精神、有责任感的领导者往往很难。如果回溯到创业早期、企业还小的时候创业者和员工之间的工作方式，就会理解为什么有现在这种结果了。如果上司一直给下属发指令来告诉他要干什么，那么下属慢慢地就失去了主动思考的意愿和能力，从而产生对上司决策的依赖；当企业发展到一定规模，决策的复杂程度超过上司的能力时，就是这个团队的成长边界。这时，如果希望在过去环境中成长起来且长期听话的管理者，摇身一变成为具有企业家精神的领导者，就不太现实了。因此，短期看起来提高效率的做法，是以牺牲长期发展为代价的。

当然，既然有二阶效应，我们也可以考虑三阶、四阶，一直到 N 阶效应，但是越往后，外部世界的复杂度就越高，也就越难做出因果判断。如果想太多的话，就只能"无为而治"，不去做任何干预。的确，也有企业家是按这种方式管理企业的，最终导致企业逐渐失去方向感和凝聚力。因此，在二阶效应的问题上，不能不想，也不能想太多，其中的度就是对事物间因果关系可理解的深度。

机器范式的组织使用"命令—执行—检查—反馈"的逻辑，即上司发出命令而下属执行，然后通过检查来发现执行效果和命令之间的差别，并反馈给上司来制定新的命令。这种模式的一阶效应是执行效率高，但是二阶效应是反射链条长、及时性低，执行者缺乏工作的自主性和成就感，进而影响工作质量；同时团队成员的决策能力得不到提高，难以培养人才梯队。

而生物范式的组织使用"发现—决策—行动—反馈"的逻辑，即下属团队发现外部机会或风险后，与上司共同制定应对策略，接着执行和评估结果，再根据评估结果调整策略。这种模式的一阶效应是决策链条短、反应迅速，同时团队有更强的主动性和成就感；二阶效应是初始决策质量也许不稳定，但是可以培养团队能力和领导梯队。

因此，在 VUCA 环境中，希望建立起敏捷能力的企业，特别是知识型员工比例高的企业，应该打造符合生物范式的敏捷组织。如果考虑物联网、人工智能和机器人在未来可能会大量取代人去做重复性的常规工作，敏捷组织应该是每一个面向未来的企业的必经之路。

敏捷是连续微转型

组织需要变革的原因是它的内部结构不能适应外部环境、企业战略，当市场竞争力下降带来生存危机时，必须要做出结构性调整。

美国战略管理学者阿尔弗雷德·D. 钱德勒（Alfred D. Chandler，Jr.）在 20 世纪 60 年代提出，战略决定结构，即组织结构，包括架构、流程、权责机制、文化、人员能力等，是由企业战略决定的。这个观点在实践中演化出一系列关于战略与组织能力的工作框架，如 IBM 和华为使用的业务领先模型（business leadership model，BLM）(见图1-1）。

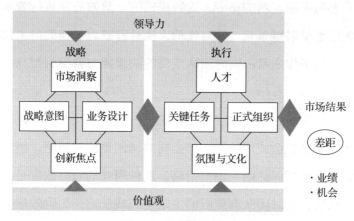

图1-1　业务领先模型

战略设计的出发点是战略意图或愿景，根据对客户和市场的洞察发现市场机会，找到他人做不了或做不好的创新点，然后设计业务体系来交付产品或服务。这些方面的思考不是一次成型，而是需要几轮修正才能形成闭环交圈。业务设计进行分解后形成关键任务，由人在组织结构中、在匹配的组织氛围和文化中去执行。

一个组织逐渐长大，慢慢地就有了自己的性格和偏好，在战略制定过程中，组织状况也会反过来影响战略的制定。所以，战略制定也会有基于机会的战略和基于能力的战略两种角度，前一种是看到外边有什么好的市场机会，然后培养或购买所需的能力来竞争，后一种是看自己有什么能力可以延伸到一些还不错的机会上。那么，到底是战略决定结构还是结构决定战略？这个问题就像是先有鸡还是先有蛋的问题，是个伪命题。在现实中，战略和结构都是在互动中彼此影响，就像鸡和蛋是进化的结果。

一个组织的各种机制设计，主要是为了以比竞争对手更低的成本为客户创造独特价值。在这种目标下，一个"优秀"的组织需要有自我进化的能力，要能持续提高组织效率，更快更好地执行业务流程。但是，外部环境在不断变化，有渐变也有突变。当渐变积累到一定阶段或发生突变时，企业就要制定新的战略来把内部能力和外部环境匹配起来，这时就要进行组织变革。

比如，20世纪90年代初开始的业务流程再造（business process reengineering，BPR）就是因为计算机技术的快速发展及其在商业场景中的应用不断深化。这时，企业最好从一张白纸开始思考如何运用信息技术重构业务流程，而不是简单地把原先线下的做法搬到线上。在这个过程中，组织架构、激励机制、权责等都会做相应的调整。

这种战略与结构阶段性调整重构的工作方法基于一个重要假设，即在制定战略的时候，我们可以较准确地预测到未来3～5年市场的变化，因此可以制定一个中长期战略，并设计相应的组织结构来高效执行，从而在市场上形成很强的竞争力。但是，在VUCA的环境下，这个假设很难成立，我们必须假设无法准确预测未来，但是可以对未来进行粗线条的预判，以及对一些事物的发展有情景推演和概率估算。这就是敏捷组织对战略的基本假设。

在21世纪20年代的今天，移动互联网、物联网、5G、人工智能等技术深度融合，与30年前的业务流程再造希望解决的效率问题相比，企业面临更加复杂的问题，涉及客户、业务模式、管理模式等全方位的影响，更需要从重新思考一切的角度来看未来。

在敏捷组织中，重要的不是精准预测，而是大致方向的预判以及在行动中不断调整策略的能力。因此,敏捷组织的战略制定会持续地监控外部变化,及时进行研讨、制定下一步战略并确认它会与大方向一致,在组织结构设计中保持足够的灵活度,从而更容易支持战略的改变。在这种逻辑中,对组织和战略匹配度的调整频率就会增加,那么就没必要等到内外部高度不匹配时才进行大型战略变革。

很多企业把成为百年企业作为一种愿景。"百年企业"带来的是一种确定感和稳定性,但是为了实现这个目标,企业需要的反而是持续变化,而不是稳如泰山。持续的短期不稳定,才能带来长期稳定,这也是系统动力学、生态学的基本法则。

第 2 章

规模：实现指数级增长[4]

―――

企业在初创期必须要敏捷，只有这样才有可能在竞争中获胜。创业者抓住机会，通过在产品、服务或模式上的创新来满足用户未被满足的需求，从而建立一家新企业。然而，企业必须通过规模化，才有可能实现它的价值潜力。根据麦肯锡 2020 年 8 月的一项研究，企业全部价值的 2/3 来自业务的规模化扩张阶段，即从 1 到 N 的阶段。[5] 然而，每个行业都有很多企业在达到一定规模后就成长乏力，无法释放价值潜力。不仅如此，这些企业虽然从 1 做到了 10，但是这一过程跌跌撞撞，并不顺利，而且一旦市场出现调整，就会暴露出很多问题。

怎么应对上述难题？建立一套管理规章制度，理顺组织架构、业务流程、文化、人才等组织要素，搭建从战略到执行的一套管理体系，等等，这些方法可能都对，但是显然还不够。不少企业虽然建立了完整的管理体系，也很熟悉各种流行的管理概念，努力宣讲企业文化、构建流程，但是"说"和"做"在实践中往往是两层皮，管理层和员工都很辛苦，业务结果和企业规模却始终难见起色。

规模增长带来的挑战，不只是表面上管理方式的改变，更重要的是底层思维逻辑的改变。

美国弗吉尼亚大学萨阿斯·萨阿斯瓦斯（Saras Sarasvathy）教授在2001年提出，优秀创业者在决策时采用的是"效果逻辑"，强调通过行动来创造机会，结合创造力、灵活坚韧以及一定的机会主义来实现结果。[6]与之不同的是，大企业管理者更多采用的是因果逻辑，即先理解要实现某种结果所需的条件，然后在这些条件上投入资源并采取行动，从而产生想要的结果。这是因为大企业专业分工更细，需要更复杂的协作，只有更系统、更深入地理解因果关系和时间的作用，才能让更多的人能充分磨合以达成协作效果。

从这个角度来看，初创企业与大企业间的差异，其实不是简单的企业发展阶段和规模的不同，更像是不同的物种，决策方式要从效果逻辑为主转换到因果逻辑为主，这是物种进化的必经之路。在这条道路上，只有少数初创企业能够完成这种转换，实现规模化；而做不到的企业，往往没有意识到这是个进化的过程，或者不知道如何进化，或者过度强调因果逻辑而变得僵化。

因此，对创业者来说，敏捷并不陌生，但是如何在大规模组织中做到敏捷，才是真正要应对的挑战。

企业即算法、决策与分形

看待企业本质视角的不同，会影响我们解决企业规模化问题的策略。

企业的本质是什么？诺贝尔经济学奖获得者罗纳德·科斯（Ronald Coase）认为，企业的本质是一种资源配置机制。当市场交易成本高于企业内部的管理协调成本时，企业就是比市场更好的一种资源配置机制。而当市场交易的边际成本等于企业内部管理协调的边际成本时，就是企业健康规模的边界。在这种视角下，管理就是通过组织、计划、指导、实施、控制等过程，优化配置人、财、物等资源要素，实现企业效益最大化。

就企业的本质而言，彼得·德鲁克（Peter F. Drucker）认为，企业的目的就是创造顾客，而管理的本质就是激发、释放每个人的善意和固有的潜能，创造顾客价值，为他人谋福祉。

选择不同的视角来看企业的本质，会使企业家和领导者采取不同的管理策略。透过科斯的视角，管理者会关注到体系、流程、激励、内部定价机制等管理技术手段，把人视为一种输入到体系中的资源。透过德鲁克的视角，管理者会关注到创造客户价值、激发员工潜能、营造自由的文化，在管控流程上会更柔性，会把人当人，人是有自主性和创造力的生命体。

为了理解企业如何更好地实现规模化，我提出了一个企业本质的新视角：**企业即算法**。

理查德·道金斯（Richard Dawkins）在《自私的基因》一书中指出，生物体只是基因用来自我延续的载体。[7] 从这个角度来看，基因就是一组核心算法，让人产生各种各样的行为，包括通过学习调整自己以适应环境。组织是由人构成的，如果我们把企业看成一个生物体，那么每个员工就类似一个细胞。组织有自己的基因，形成各种决策并加以执行，那么，组织行为就是自身基因的外在表现。

选用"算法"一词而不是"基因"来描述企业的深层规律，是因为基因这个概念隐含着先天预设、难以改变的意味，而算法一词则意味着可以通过一定方法去理解、解构、学习、迭代。与企业基因相比，企业算法更能抓住企业快速变化和成长的本质，能更好地反映企业管理的现实和周期。

在企业即算法的视角下，管理即决策。人的行动，都是先由神经系统做决策，再由骨骼和肌肉系统来执行。组织也是如此，先决策再执行，不同的是，在执行时也需要在团队和个人层面做无数小决策，才能最后转化为实际的物理行动。其实，早在半个多世纪前，赫伯特·西蒙（Herbert Simon）就从决策的角度探讨了管理，并因此获得诺贝尔经济学奖。[8] 但是，"管理即决策"的理念在中国当前的管理实践和讨论中似乎并不充分。

企业到了一定规模后，都会非常重视产品质量管理，会有专业的标准、流程、工具、方法等来持续提升产品质量。但对于决策质量，虽然大家都知道它很重要，却很少有企业像对待产品质量一样建立专业体系来持续提升。投资机构在这个方面做得最好，因为每个投资决策都是真金白银，决策就是它们的核心业务流程。所以，优秀的投资者在这个领域都有精深的研究，比如巴菲特与查理·芒格、桥水基金的瑞·达利欧、橡树资本的霍华德·马克斯、量子基金的索罗斯、高瓴资本的张磊等，都有关于决策的极具洞察力和系统性的著作。房地产行业在这一点上与投资类似，在每个项目的生命周期中都有一系列涉及重大利益的决策点。

其实，任何企业高层、部门和业务领头人所做的决策，都会对团队和业务结果产生重大影响，值得在提高决策质量上做重大投入。管理者平时需要持续思考企业是否在做出最优决策、主要的障碍有哪些、如何改进。障碍可以是技术性的，如流程、权责、协作方法，也可以是心态上的，如企业价值观、激励导向、人际关系、个人偏见。管理者可以通过复盘来升级迭代企业算法，让下一个决策速度更快、质量更高、结果更好。这样的话，组织进化速度会更快，能更好地应对外部的不确定性和复杂性。

为什么企业即算法有助于我们理解企业规模增长的瓶颈？这要从一个基本的数学概念说起，即**自相似分形**。

自相似分形由数学家本华·曼德博（Benoit B. Mandelbrot）首先提出，他发现自然界存在局部形状和整体形状相似的现象，如树枝、西兰花的花冠、雪花、人体血管结构、连绵的山脉、河流的分支、海岸线等。在现代社会中，城市供水网络、电网、互联网、有线电视网络等也是分形的。[9]

这个原理在计算机绘图、电影领域应用广泛。按照一定规则不断重复调用同一个简单的算法就可以画出大物体，比如通过重复"一个树枝长出三个分枝"的算法就可以画出一棵大树（见图2-1）。

2017年，研究复杂性的物理学家杰弗里·韦斯特（Geoffrey West）出版了《规模》一书，解释了为什么几乎所有维持生命的网络都具有自相似分形的特点。[10] 依据生物进化中能耗最低、效率最高者胜出的原则，他的理论揭示出分形是自然界解决规模、韧性、效率之间优化问题的一种方法。韦斯特还简单分析了企业的成长和规模，注意到企业的组织架构往往有自相似性，但是由于缺乏更详细的数据，无法以物理学家的标准进行研究。

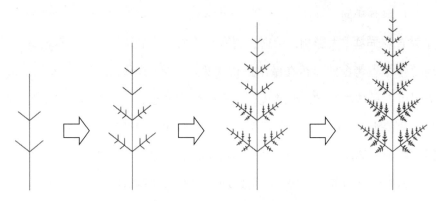

图 2-1 自相似分形示意图

按照科斯的理论，我们可以通过两种方式进行资源分配，一种是市场配置资源的外部交易，另一种是企业配置资源的内部协作。当内部协作成本高于外部交易成本时，就应该考虑通过市场来优化资源配置。企业规模的增长会有两个相互矛盾的效应，一种是我们常说的规模效应，即规模会提高效率和议价能力，导致成本降低；另一种是规模会导致管理复杂性上升，提高协作成本。当管理复杂性带来的成本上升大于规模效应带来的成本降低时，这时企业就会到达规模的边界。相反，如果能有效减缓管理复杂性带来的成本增加，企业就能够继续成长。

根据生命体的自然选择机制和计算机算法的原理，我提出一个假想：**如果企业有一组简洁的企业算法来优化自身管理决策，按照自相似分形逻辑，来生长出不同层级的组织单元，就可以实现有竞争力的强大规模，突破规模瓶颈。**

也许，这就是管理的自然审美。

企业算法本质上是一种优化算法，帮助管理者和员工根据要实现的目标来做出高质量决策。用数学概念描述的话，优化算法包括几个部分：

1. **目标函数**。目标函数建立输入变量和输出变量之间的因果关系，一般可以描述为 $y=f(x_0, x_1, x_2, \cdots, x_n, t)$，其中 t 是时间。企业算法的变量中一定要包括时间，在成功企业的算法中，时间的价值以复利形式体现。一个企业的目标，长期来看是企业愿景，中期来看是未来三年的利润、资本回报率等。

2. **约束条件**。约束条件规定在优化目标函数时必须遵守的边界，如合法合规、零事故率等。

3. **一组输入变量的初始值 x_0**。代入到目标函数后能产生一个 y_0 值，同时也要验证其是否满足约束条件。这组初始值往往不是最优解，否则就像高尔夫球一杆进洞，非常幸运。在企业管理中，这组初始值往往是根据经验或行业对标等方法得出的。

4. **产生下一组变量的一种算法**。在企业管理中，可以通过复盘、研讨、专题研究、行业交流等产生下一组变量。

5. 比较第 4 步变量得出的目标函数 y_1 和第 3 步得出的目标函数 y_0。

6. 重复第 3 步到第 5 步 N 次，如果连续两次之间的目标函数值差距小到一定程度，并且满足约束条件，就可以结束优化。如果经过许多轮（轮数越多，成本越高）还无法结束（算法不收敛），这个优化问题用这种算法就是无解的，那么可以考虑通过修改目标、约束条件、算法来调整。

上述优化思路，在技术性强的专业领域很容易理解，比如产品设计要比较多个方案。对于企业中更为复杂的问题，如战略决策、投资决策、人员决策等，在解决过程中其实也符合上述描述：比较多种方案带来的结果，从中选择收益、成本、风险最满意的方案（很难有最优解，只有满意解）。

我们只需要理解优化算法的基本逻辑，就可以得出任何管理决策的一些基本原则，比如：可以借鉴经验，但是不能只依赖经验；要有至少两个方案，才有优化的可能；必须持续迭代算法。

企业算法提高管理杠杆

企业算法在管理实践中到底如何体现？它与我们经常讨论的企业管理的方方面面是什么关系？我们可以把企业中与管理相关的各种内容，从逻辑上分为三层（见图2-2），最外层是具体的管理体系，中间层是管理策略，而最内层是企业算法。

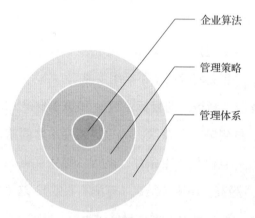

图 2-2　企业管理三层面

管理体系是最外层，涵盖各种具象化的管理内容，包括制度、流程、工具、方法，如产品设计流程、采购流程、绩效考核制度、财务模型等，是大家日常直接接触的工作界面，大家对它们基本上有直观的理解。随着企业数字化程度不断加深，这些内容会越来越数字化和线上化。

管理策略是中间层，可以把它理解成是各种专业内或跨专业的管理方法论，每种方法论都会解决一些重要问题，其自身是闭环。比如，IBM和华为使用的业务领先模型可以解决战略与执行的交圈，财务领域的零基预算管理可以解决预算与业务的交圈，产品开发领域的价值工程可以解决客户敏感点和成本控制的交圈。不同的管理策略，会决定我们如何构建管理体系；企业如果采用新的管理策略，也要对原有的管理体系进行改变，才能将这种策略真正落地。假如一家企业请咨询公司来帮助提高预算管理能力，研究后决定采用零基预算管理，那么后续就需要对财务管理体系进行相应的改变，如预算流程、时间节点、分析模板、信息系统等。

企业算法在最内层，是一家企业面对各种选择时的核心决策方法，它最抽象、最稳定，可以驱动管理策略层和管理体系层的运转与调整，让企业做出更高质量的管理决策。它会在动态中逐渐丰富、完整和自洽，在内容上没有多余也没有缺失。企业算法在组织各个层级和单元都应该适用，具有自相似分形的特征。比如，如果企业算法中有一条"低风险、低收益优于高风险、高收益"，那么在项目投资策略上就会选择低风险、低收益，在人才策略上就选择中低薪酬和中低产出的人才，在产品策略上就会选择控制成本优先于高溢价，等等。

企业算法并不显性，很多时候是隐含在企业决策背后的假设。所以，新员工往往需要花很长时间，通过对一个个案例的观察和体会，来揣摩为什么这家企业要这样做，才能逐渐摸到门路。有些企业通过制定"管理原则"来显化一些假设，但因为没有从决策的角度来看这个问题，所以还达不到企业算法所需要的完整性。

在企业日常运营中，企业算法层最稳定，不会轻易变化；管理体系层最易变，会因为外部学习或需要解决新问题等而触发；管理策略层的变化速度居中，否则管理策略频繁变化会导致企业疲于奔命。

这三个层面，也对应着不同量级组织所需要的能力。打造一家**好企业**，需要高层有系统能力（对应管理体系层），能根据业务要求把不同部门打通，从而构建出业务体系。打造一家**优秀企业**，还需要增加理论能力（对应管理策略层），能从现象归纳出理论，然后再从理论推导出行动，能前瞻性地思考，打通管理体系和管理策略。而打造一家**卓越企业**，则需要再增加哲学能力（企业算法层），能从"无"或"空"出发，放下成见和偏见，不自我设限，用第一性原理思考并构建出企业的世界观和运行规则，由深及浅、由内及外，用企业算法驱动管理策略和管理体系（见表 2-1）。当然，如果一家企业只是做生意，看重的是每个交易是否赚钱，往往是有组织的样子但没有组织的内涵，并不适用这个三层面模型。

表 2-1 企业愿景、能力与圈层

企业愿景	所需能力	三圈层层面
做生意	交易能力	—
好企业	系统能力	管理体系
优秀企业	+理论能力	管理策略
卓越企业	+哲学能力	企业算法

卓越企业在管理三层面之间能达到动态的高度统一，提高管理杠杆。

高度统一，是指三层面以同样的速度旋转，做事的时候组织摩擦少、成本低，逐渐会有行云流水的感觉。这就像优秀的个人所能达到的"心流"状态，心、脑、体高度统一，专注而高效，甚至感觉不到时间的流逝。

动态，是指三层面的动态调整。当由于外部竞争、环境变化、自我学习等原因，导致任一层面需要发生变化时，就可能在三个层面之间产生摩擦和冲突，这时候，就需要同时考虑另外两个层面的变化，让系统更快地回到顺滑状态。

通过企业算法驱动的增长具有非常高的管理杠杆。三层面同时旋转时，最内层的小变化，可以在外面两层带来大变化。在企业算法上投入同样的时间和精力，能产生更大、更长期的效果，更能让组织走上指数级增长的轨道。

企业算法的结构

企业算法由三类内容构成——核心价值观、核心管理逻辑、核心业务逻辑，彼此互为支撑，让企业能在各种管理和业务场景中做出高质量决策（见图2-3）。每家企业的算法各异，致使由此生长出来的企业，模样各有不同。

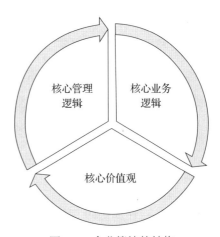

图2-3　企业算法的结构

1. **核心价值观**。在高度模糊、不确定、长时间跨度的决策场景下，对很多人来讲，事物的因果关系和价值并非显而易见。一组相同的价值观，能让大家对因果关系有一致的理解，并对价值判断的标准达成共识，这样就能更好地做出决策。核心价值观的数量和内容不尽相同，例如：

- "简单真实"，可能会让有些人不舒服、没面子，但是长期来看，会降低组织协作成本，而且能让每个人更好地成长。
- "利他"，可能会牺牲自己的短期利益，但是长期来看，如果把做企业理解成一种无限游戏，包含无数次的互动和交易，利他就是利己。

2. **核心管理逻辑**。核心管理逻辑是工作方法、组织架构、决策机制、激励机制等管理体系方面任何层级和单元都通用的原则，其数量和内容也因企业而不同。例如：

- "内容大于形式"，先解决本质问题再考虑展示界面，可以应用在企业任何决策中，包括建立企业品牌、举办内部活动、选择PPT格式、设计会议室空间等。
- "工作安排上下一级，信息通达上下两级"，在科层制组织模式中，上级可以指挥下级的工作，不能直接指挥下两级，但要把信息传达给下两级，让信息对称；反过来，工作成果要对上级负责，就可以向上上级反馈信息。这个规则可以复制到组织的任何层级，从而形成自相似分形的组织模式。但是，如果CEO可以在任何时候给任何层级直接发出行动指令，那就无法在其他业务层级进行自相似复制，因为企业只有一位CEO，无法复制。
- "创意择优"，是桥水基金创始人瑞·达利欧在公司中采用的决策原则，即团队中的每个人都需要提出自己的观点，但是会根据每个人的经验能力与被讨论问题的相关程度，给这个人的观点一定的权重，最后综合决策。创意择优的管理原则，有助于组织中的任一小团队提高决策质量。但是，如果采用"听上级指示"的管理原则，就会因上级的个体水平差异而导致决策质量不稳定。

3. **核心业务逻辑**。每个行业都有自己的业务特点和核心逻辑，因此需要企业自身建立一组如何长期为客户创造价值的逻辑（第3章会深入讨论核心业务逻辑）。例如：

- "客户导向"，作为一种业务逻辑，会在管理策略层催生出客户细分研究、以客户价值为中心的产品设计、客户认知基础上的营销策略等。客户导向作为一种工作方法和习惯，也会改变员工的共情能力和思维方式，能在很多场景中提高工作效果。
- "低成本中等质量的产品和体验创新"，是宜家家居的一个核心业务逻辑，在产品、物流、运营、卖场动线、服务等各方面不断创新，把低成本、中等质量、独特体验结合起来，长期坚持，让竞争对手难以复制。

这三类内容，相当于优化算法中的目标函数或约束条件，结合起来就形成逻辑自洽的企业算法。对于企业内部的专业职能或处于不同地域的业务单元，可以在企业算法之上叠加专业或业务单元独有的算法，但它们不能与企业算法相矛盾。

"企业即算法"这个理论，是我在2020年年底提出的，在龙湖集团（简称"龙湖"）工作的时候并没有这个概念。但是，龙湖管理的一个原则是尊重规则、法在人上，因此在思考问题的时候，大家会很自然地测试某个新规则是否适用于所有人。比如在讨论员工绩效和晋升时，任何规则之外的晋升都会带来激烈争论，最终要么遵守规则要么修改规则，不应该有例外。有时候我们也会类比法律中的上位法与下位法、案例法与成文法的关系，来讨论不同规则之间的关系。这种通过规则来管理的思考方法，与企业即算法有一定的相似性。

为便于读者对企业算法有直观的理解，我从个人角度总结了一些龙湖在某个阶段的企业算法片段。"片段"，是因为实际的企业算法要比这里的内容更多；"某个阶段"，是指企业算法在持续迭代，现在和过去不一样。

1. 核心价值观

- **低权力距离**。上下级之间相对平等，以此激发员工的自我成就动机；鼓励在讨论中直抒己见，提高决策质量。
- **长期利益为先**。在长期利益和短期利益发生冲突时，倾向于选择长期利益，持续强化能力、护城河，提高战略自由度。因此，在企业规模和企业能力建设发生冲突时，绝大部分时候会能力优先。

2. 核心管理逻辑

- **追求卓越**。把做企业当成一种极限运动，不断挑战高目标，做事坚韧踏实，持续保持高绩效。
- **守土有责**。每个角色都要完成自己的职责；当无法完成任务时，要解决意愿、能力、环境的障碍，必要时换人，以确保每个岗位都产生价值。
- **科学思维**。以开放心态和科学方法论解决问题，实事求是面对现实问题。与"低权力距离"一起，让决策质量更高。

3. 核心业务逻辑

- **差异化战略**。出于对行业长期发展轨迹的洞察，坚决选择差异化战略，而不是成本领先战略，为此愿意牺牲一定的企业规模。
- **客户导向**。理解客户的真实需求，并据此设计产品和服务，通过业务系统端到端的管理和执行,做出客户心中的好产品。
- **财务导向**。在客户导向的同时,满足财务要求,在价格、成本、周转率、财务杠杆等维度上不断优化。
- **超越平均**。不要根据平均值做决策,而要在比竞争对手更细一级的颗粒度上寻找机会,如客户细分、城市板块细分、轨交节点 TOD 项目等。

用企业算法突破规模瓶颈

企业在成长过程中,一定会碰到规模瓶颈,业务和管理上出现各种难题,而解决这些问题时又极易顾此失彼。这时,企业需要的不是更多人、更辛苦地工作,而是找到并解决深层次的问题。

在组织规模从小到中、从中到大,从专业化到多元化的成长过程中,决策产生并执行的过程越来越复杂。在小规模组织中,一般是围绕老板的决策直接展开行动。中等规模的组织会建立成型的管理体系,在形式上容易做到完整,但其运作模式往往是老板决策的延伸,通过组织把决策层层传递到一线从而产生行动。在大规模组织中,由于决策的数量更加庞大,必须让更多高层甚至中层有决策的权力和能力,根据决策的难度和重要性来匹配相应人员,不过执行决策时的协调和反馈也越来越复杂。在多元化企业中,决策和执行的复杂性进一步增加,这时候需要在企业治理上花更多的时间,定规则要比做业务重要。

以房地产行业为例,在从 0 到 1 阶段,开发项目的业务模式是清晰的,即投资买地—建造—销售—服务。当规模扩张到 10 个项目时,企业发展模式就可能出现分化。比如，有的企业把10个项目都放在一个城市，有的则分布到三五个城市。

在往更大规模发展时，单城市聚焦的企业有两种选择：一种是进入新城市，每个城市都做到5～10个项目；另一种是守在现在的城市，开发更多项目。如果进入新城市，就会发现之前在单个城市做业务时建立的企业算法（如决策方式、团队协作模式等）难以复制到多个城市，而改变一定会经历痛苦。于是，有的企业在尝试之后，最终还是选择在单个城市深耕。

在以城市作为基本作战单位的时候，从0到1就是把一个城市做好。而从单个城市扩展到5～10个城市，则是另一个关键阶段。随着进入城市越来越多，业务产出随城市数量线性增加，但管理的复杂度和协作成本则会随城市数量呈指数级增加，企业势必会在某个时候撞到规模之墙。

如果按照企业算法驱动管理体系的思路，就要把高层的部分工作重心，从解决表面的管理体系问题转移到解决管理策略和企业算法上。按照分形的逻辑，优化后的企业算法可以用在很多不同的业务场景中，就会更容易解决数量众多的各种表层问题。因此，通过把时间花到管理杠杆更高的问题上，同样的时间和精力投入就可以产出更大、更多、更好的业务结果，延迟撞到规模之墙的时间。

我们前面对于企业算法的讨论，重点放在了解决专业化企业的规模问题上，因为只有能在专业上做到优秀的企业，才有可能成长为优秀的多元化企业。

在多个行业都能成功的优秀多元化企业，一定有一套适用于不同行业的、可迁移的集团企业算法，可以反映不同行业之间的共性。而多元化企业中的每个专业公司，都会在这套企业算法上叠加各自专业领域的内容，但是不能与集团企业算法相抵触：

$$\text{专业公司企业算法}_i = \text{集团企业算法} + \text{专业独特算法}_i$$

比如，英国的维珍集团擅长在平淡无奇的传统服务产业中为客户营造欢乐的氛围，如航空客运、火车客运、音乐等产业。如果公司进入 B2B 领域，比如航空发动机制造领域，就会超出其企业算法可迁移的范围。

而在工业领域，美国的丹纳赫集团擅长收购 B2B 领域的低效制造企业，依靠整套管理提升方法论，快速提高被收购企业的整体管理水平和经营业绩。丹纳赫集团对收购对象有明确的筛选标准，以确保自身的企业算法能有效迁移到新购业务，进而实现它的投资回报要求。

美国的通用电气公司一度认为自己的企业算法可以应用于任何行业，于是进入了几乎所有主流行业，包括航空发动机、燃气轮机、家电、媒体、金融、医疗设备、能源服务、轨道交通设备、水处理等。后来，通用电气发现这条路走不通，便逐渐去多元化，聚焦在与其高温金属材料能力密切相关的航空发动机和燃气发电机领域，以及具有客户协同性的风力发电机制造领域。

中国大中型企业在面对增长瓶颈时，很多会考虑多元化。这时，企业家和高管必须客观评估自己的企业算法与要进入行业的业务逻辑是否匹配，如果不匹配，则需要做出相应的调整，并判断可实现度。当然，在此之前，企业必须在现有赛道上至少已经做到优秀，并在此过程中提炼出了自己的企业算法。否则，哪怕有企业算法，也没有竞争力，更谈不上可扩展性。

迭代企业算法实现深层转型

企业能够持续成长的核心能力之一是变革能力，甚至可以说，高管必须是变革的领导者，而只会走老路的高层就不是真正的高管。但是，纵观全球企业各种变革和转型，成功概率只有1/3。一个重要原因就是企业算法层、管理策略层、管理体系层没有同步进行变革，彼此之间产生摩擦甚至冲突。有的变革只停留在管理体系层，学习标杆做法，做流程梳理和优化，使用新的管理工具，但是管理策略层没有变化。有的引入了新的管理策略，但没有明确地调整企业算法，结果产生了更深的矛盾，导致对外学习越多、管理变革越多，产生的问题越多、员工越辛苦。

举一个例子。随着地产行业竞争越来越激烈，很多企业都想学习万科和龙湖，建立客户研究部门，希望通过更好地理解客户来提高产品和服务能力，实现更好的业务结果。这是**管理体系层**的改变。

但是，有些企业只是让客户研究部门做分析、写报告，作为产品设计部门的输入。而龙湖的做法，是让客户视角拉通所有业务职能，包括土地投资、产品设计、成本管理、工程管理、营销策略、物业服务、人力资源等，做端到端的优化。这两种不同的管理策略，会导致管理体系层的不同做法。这是**管理策略层**的改变。

如果在管理策略上选择了端到端优化的做法，企业算法层就必须包括低权力距离（平等）、科学思维、客户导向。为什么？如果没有的话，大家虽然嘴上会说重视客户，但是当客户研究的结果与老板的观点发生矛盾时，做研究的员工难以与老板进行讨论（没有客户导向、没有科学思维），只能听老板的、听上级的（高权力距离）。同时，这样的组织中一定会存在很强的职能壁垒，很难做到跨职能交圈。实际上，在企业中任何有价值的研究，都是决策者把由职务和经验带来的权威，让渡一部分给实证分析和逻辑推理。这是**企业算法层**的改变。

因此，能够站得住的企业变革，一定要在企业算法层实现迭代。如果一家企业有明确、稳定的企业算法，就能在不同的层级和单元用同样的决策方法处理不同的问题。皮克斯（Pixar）总裁艾德·卡特姆（Ed Catmull）在《创新公司：皮克斯的启示》一书中提到，企业中的大问题和小问题是自相似的，因此不要放过小问题。[11] 也就是说，高管必须对关键细节保持敏感。什么是关键细节？与企业算法高度相关的小事情就是关键细节。一旦从高管到员工有了共识，就会主动关注这类细节，从而既能防微杜渐，又能从小处着手来推动大改变。

比如，在两家企业大学的书架上，一个是按照颜色近似度来摆放图书的，另一个是按照科目分类来摆放的，你从中会得出什么结论？按颜色摆放图书的企业倾向于形式重于内容，如果越来越多的员工往这个方向走，企业就会产生更多的无效成本，削弱解决真实问题的动力和能力。

有时候一些用词的选择，也能体现出企业算法层的逻辑和假设。在房地产行业，有不少企业会用"流速"来描述项目的销售速度，比如"流速每月 5000 万元"。在投资阶段对项目做评估的时候，一些企业会看一个片区内所有在售项目的平均流速，流速越高说明越好卖，以此来预测被评估项目未来的销售速度。但是，这个概念其实有两个很大的问题。

一是颠倒因果。流速这个概念只适用于高频低总价的快消品，如米、油、洗发水，流速反映的是消费者月均支出，具有内在持续性和稳定性，是产生**交易的原因**。但是，房地产是超低频、超高总价的产品，如果是面向当地人群的项目，实际上是买了的人基本就不会再买，流速只是供需之间产生**交易的结果**，并没有内在持续性和稳定性。这个概念对于供应严重小于需求的市场或投资类房屋有一定适用性，但是在竞争激烈、房住不炒的市场或做高端产品时，就不适用。

二是放弃未来。把市场的历史数据外推到自己的未来，背后的假设是企业既不会比过去的自己强，也不会比未来的别人强，反映出企业容易满足现状的思维习惯。好的做法是分析当地目前和未来的供应与需求数据、不同类型客户偏好、自身与竞争对手的能力差异点等，形成自己的策略后再设定项目未来销售速度的**目标**。这种方法实际上隐含了一种直面竞争、持续改进的逻辑，需要团队具有敢于创造不同未来的气势，也能够持续锻炼团队的思考能力。它能让企业在激烈的竞争中越战越强，形成正向循环，是一种面向未来的工作方式。

从企业即算法的视角看，也就可以理解为什么传统的管理咨询模式很难推动企业的深层变革。咨询公司的传统模式是项目制，在几个月内完成明确交付物，从而获得报酬。大部分咨询公司帮助企业解决管理体系层问题，少数高水平咨询公司能从管理策略层切入。但是，在实际做项目的过程中，一定会发生新的管理体系或管理策略与原有企业算法的冲突。这时，大部分咨询团队会选择尊重客户的想法，否则无法完成项目、收到款项。而所谓的客户想法，很可能来自对变革的恐惧，是为了不愿意改变企业算法而提出的借口。

此外，很多时候咨询服务的基本思路是传播行业最佳做法，因为这种思路最容易说服客户："你看，全球领先的这几家公司都是这么做的，你要想成为他们中的一员，也应该这么做。"但是，最佳做法往往只是对领先企业共性的总结，其深层缺乏一套个性化的企业算法，因为卓越企业一定是少数的、个性的。

企业即算法，管理即决策。企业可以通过让自己的企业算法显性化，形成高层共识，从而更有可能实现规模化成长和成功变革。企业家和具有企业家精神的核心高管，要扮演好"企业算法工程师"的角色，有意识地建构并持续迭代企业算法，对关键细节和其揭示的算法变异保持敏感，从而形成自相似分形、容易规模化的管理结构和体系。如果企业各个层面都能持续做出高质量决策，并能持续优化决策算法，假以时日，很有可能成长为一家卓越企业。

第二部分

构建大规模敏捷组织

敏捷组织的故事,是一群有共同理想的人,相信一个伟大的目标,齐心协力、共同奋斗,主动发现机会、勇于尝试、百折不挠,最终夺取胜利,成就传奇。

当我们把这个故事的主人公,从一小群人放大到千人、万人、十万人的时候,故事中的每一点都需要考虑规模化带来的挑战,需要形成可迭代的方法。大型组织需要建构起七个彼此支撑的要素,才可能做到企业级敏捷(见图 P2-1)。

图 P2-1 支撑大规模敏捷组织的七个要素

1. **企业要有明确的长期方向感**。长期方向感来自企业使命与愿景，员工能与之连接并同频共振，给工作赋予意义。方向感还来自企业如何实现使命、如何创造价值的逻辑以及长期稳定践行的管理理念。（第3章）

2. **用敏捷的方法制定战略**。在复杂多变的外部环境中，战略是有计划的机会主义。卓越的敏捷组织，在提高自己生存概率的基础上，敢于走少有人走的路，并有识别机会和制定策略的方法论。（第4章）

3. **战略要实现知行合一**。战略与执行在概念上可以分开，但是在管理上必须整合。战略的知行合一，意味着战略就是为了执行，而正在执行的才是战略。组织需要具备分布式战略能力，让高质量的决策产生高质量的行动。（第5章）

4. **形成协作解决问题的方法论和能力**。采用"工作站"模式来协同解决非常规问题，通过牺牲少许效率来提高敏捷性，同时通过专业职能协作实现战略级的敏捷。敏捷组织需要警惕各种协作陷阱，减少组织浪费。（第6章）

5. **激发协作意愿**。有效协作是由内心独立的人们，以成长型思维为基础，在真实、透明、平等、信任的价值观支持下，用理性方法产生好决策。企业需要既看结果也看过程，才能促进协作。（第7章）

6. **学习与迭代**。只有把学习嵌入到日常的生活和工作中，建立闭环，成为一种生活和工作方式，才是真正的学习。学习包括向过去学习（复盘与反馈）、向现在学习（外部对标、行业交流、客户访谈等）、向未来学习（关注趋势、建立多样化圈层、时间适度留白等）。（第8章）

7. **建立稳定系统**。大规模敏捷需要一种稳定结构，才能在灵活性和稳定性之间达到平衡。稳定系统包括提高信息透明度的规则和体系，稳动型组织架构，规则化、数据化、产品化的管理，基于场景的标准决策流程以及粗线条的绩效和激励方法。（第9章）

第 3 章

方向感

个人和组织的方向感,是对"我是谁、从哪里来、到哪里去"这组问题做出的回答。这组问题很难有完美和一成不变的答案,正因为如此,才让未来具有开放的各种可能性。就像摸黑走路的时候,深一脚浅一脚,一边要不断向前走,一边要小心不掉进沟里,但非常重要的是知道自己要去的方向。方向感就是在走夜路时的北极星,每走一段路程就要抬头看看大方向是否正确。方向感是长期主义的基础。

我们在讨论组织的时候,往往会把使命、愿景和价值观放在一起,作为企业顶层设计的一部分,高层通过多轮讨论来打磨,并在过程中实现共识和内化。有的企业会把这些内容交给人力资源部门负责起草,略加讨论后成文,有时候做成装帧精美的小册子,甚至通过学习和考试让大家记住,但是在现实中的使用频率并不高。

在敏捷组织的逻辑里,如果以管理即决策的视角来看,可以根据目的和使用场景把这三个元素分成两类。使命和愿景解决的是组织方向感的问题，是很多战略问题的决策依据，相对低频。价值观是从长期来看，对决策与行为对错的判断。在决策的时候，价值观是指导大家做出符合长期利益决策的标准；在行动的时候，价值观是对行为标准的共识，什么是坚持的、什么是反对的，是团队协作的基础。

在相对稳定的外部环境中，传统的管理方法一般通过 3～5 年的战略规划为组织提供方向感，而使命和愿景只是在每五年做战略规划的时候进行回顾。但是，在快速变化的 VUCA 环境中，以五年为周期做战略规划难以匹配外部变化速度，敏捷组织需要更高频地做出一个个战略选择，这就需要通过更为稳定的使命和愿景来提供长期方向感，让战略具有时间上的连续性。因为这个原因，也有些组织称自己为使命驱动型或愿景驱动型组织。实际上，从使命愿景到行动之间，也还需要通过战略进行衔接，只是敏捷组织的战略制定与执行同传统方式有很大不同。

在长期使命愿景与中短期战略之间，还需要一个企业价值逻辑的概念，即企业通过什么方法创造价值，进而实现其使命和愿景。只有建立在相对稳定的业务逻辑基础之上的企业，才能在更高频的战略制定和执行周期中，持续不断地强化竞争优势，进入一种良性循环的状态，这就是吉姆·柯林斯所说的飞轮效应。

使命与愿景

大多数企业在创业阶段，对使命愿景其实并没有明确的想法，一般是一个或几个创始人发现市场机会后，努力去抓住机会、艰苦奋斗，运气好的时候获得成功。这时公司人少，一般不会正式讨论使命愿景，但是在做事、吃饭聊天等日常场景中，大家通过频繁互动就可以达成共识。当公司模式逐渐成形，企业规模越来越大、员工越来越多，难以通过非正式交流形成共识时，就必须要思考并主动沟通企业的使命和愿景，才能让组织中的个体奋斗者有共同的意义和方向。

使命，是个人或组织在这个世界上存在的理由，是如何为世界创造价值，是世界为什么会因我而不同。只有为他人创造价值的个人或企业，才可能获得经济回报。使命应该有足够的难度，这样才能逼着一个组织去解决他人难以解决的问题，走出他人没走出的路，在此过程中成就卓越并获得应得的回报。阿里巴巴"让天下没有难做的生意"，就是一个高价值、高难度的使命。特斯拉"加速世界转向可持续能源"，也是非常高价值、高难度的使命；而马斯克"让人类成为多行星物种"的使命，是极其高价值、极其高难度的，虽然在价值判定上仁者见仁智者见智。

敏捷组织的核心理念是激发个体，让个体与组织的使命和意义产生同频共振，从而能够主动去想他人想不到的主意、吃他人吃不了的苦、做他人做不到的事。在 VUCA 时代，自驱力与创造性对公司的价值愈加重要。麦肯锡最近的研究发现，与没有明确使命或者个人与集体使命不一致的公司员工相比，有"使命感"的一线员工，其积极性是前者的四倍，继续留在工作岗位上的可能性是前者的两倍。[12] 怡安集团（Aon Corporation）和波耐蒙研究所（Ponemon Institute）的研究显示，40 年前，硬资产占公司价值的 80%，而今天，商誉、品牌、专利和研发等无形资产或"软资产"占公司价值的 85%。[13] 这意味着管理的重心必须要从以有形资产为中心，转换成以人为中心。

有一种企业使命的模式，可以很好地匹配敏捷组织，那就是同时成就客户和员工的**双重使命**。麦肯锡的使命是"帮助客户实现独特、持久、显著的经营业绩改善，同时打造一个能吸引、培育、激发、保留杰出人才的优秀公司"。龙湖的使命早期是"为客户提供优质的产品和服务并影响他们的行为，在此过程中成为卓越的企业并创造机会"（指为员工创造机会）。在需要充分发挥主观能动性的行业里，如需要知识型、服务型、创造型人才的行业，可持续的企业成功就是员工的成功，两者长期来看是高度一致的。

愿景，是企业想要长成的模样，是对组织未来的一个想象。这个想象不需要精确、可量化的目标，如"10年后销售规模达到3000亿元人民币、年净利润实现300亿元"，而是要给大家绘制一个共同的图景，能与组织的日常工作联系起来，并让每个人能感受到这种连接，从而大家知道为谁、为什么而战，比如，"10年后成为中国最受尊敬的地产企业""20年后成为全球行业前十""成为一家存活102年的企业"等。

因为越遥远的未来不确定性越高，所以愿景不能太具象，否则就容易把商业模式和战略选择固化到愿景中，之后做战略时就少了腾挪的余地。适度模糊的愿景，可以根据外部环境的变化进行适当调整而不影响其作用。比如，"最受尊重""全球前十"的定义可以适用于不同的业务模式，而"销售规模3000亿元、净利润300亿元"其实隐含了某个净利润率为10%的业务模式的选择。

愿景要有高远的感召力，才能激发个人不断自我超越、与更伟大的事业和意义联系起来的愿望。比如，清华大学一向注重体育，每天下午4～5点是固定的锻炼时间，校园广播会准时响起，让大家"走出教室，走出课堂,到操场上去,锻炼身体、增强体质,为祖国健康工作 50 年",这里的"为祖国健康工作 50 年"就是一个愿景。再如,对于埃及金字塔到底是如何建造的,有过不同的说法。过去的说法是金字塔是由奴隶在主人的鞭打下建造的,但是后来考古发现了建造金字塔的工人居住的村庄,并推断金字塔是由具有信仰的自由人建造的,这就解释了金字塔为什么在设计和建造上那么精巧。没有信仰和愿景的奴隶,不会建造出需要高度创造性和精细协调的建筑。

高远的愿景会倒逼大家探索他人少走或没走过的路。目标引导手段,目标不同,方法就不一样。如果目标是 95 分,那就不能用目标是 60 分的方法;如果目标是要登上月球再回来,那就不能用从北京到深圳飞来回的解题思路。反之,以 60 分为目标形成的一套学习方法或企业管理方式,无法通过增加资源投入来达到 95 分,因为底层是两种很不一样的方法。

愿景为组织提供长期稳定的方向感,激发大家的想象力,持续挑战常规做法,只有这样才有足够的牵引力让组织不断扩大自己的能力圈。组织行为具有强大的惯性,而组织成长就是从一种习惯切换为另一种习惯,就像要把卫星送到太空轨道,必须以极大的能量让其达到脱离地面轨道的逃逸速度,才能进入一个新轨道。好愿景能提供一个理由,让大家愿意以超常投入去做一件能带来超常结果的事情。

那么,我们日常工作中如何用使命和愿景?最基础的应用是对外沟通,在企业网站、上市公司年报、学校招聘中介绍企业,吸引那些认同企业使命和愿景的合作者、投资者、求职者等,使其成为同路人。

方向感更重要的价值和更高频的应用场景其实是在企业内部,在面对重要而艰难决策时应该如何选择。能赚钱但不符合企业使命的业务,要不要做？不做，除非改变使命。对眼下有好处但长期看不会帮我们实现愿景的做法，要不要做？不做，除非改变愿景。工作非常具有挑战性而前景还不明朗，自己干得很辛苦，这时候是放弃还是坚持？坚持，因为相信和大家一起在干的这件事。如果在做这些决策时不考虑使命和愿景，它们就容易逐渐沦为形式，写在纸上、挂在墙上，但不在人心和头脑中。这反而让那些因为相信公司的使命和愿景而加入公司的员工更加失望，给组织带来负面影响。

企业领导者在担心企业活不过今天的时候，可以暂时选择权宜之计，但在渡过难关之后必须要再次回顾使命和愿景，做出是改变还是坚定走下去的决定。因此，企业达到一定规模后，为了能让使命和愿景给组织以真正的方向感，需要在战略和运营层面留有余地，不能过度使用财务杠杆，否则外部环境恶化时自己就会失去战略选择的自由度。

美国联邦快递公司在早期曾一度濒临破产，欠燃油供应商 2.4 万美元而银行不愿再给公司贷款。在没有退路的时候，公司创始人兼 CEO 弗雷德·史密斯（Fred Smith）把最后的 5000 美元现金带去拉斯维加斯，在二十一点牌桌上赢了 2.7 万美元，解决了现金流问题。[14] 这在当时是个非常理性的决策：去赌场可能赢也可能输，不去的话公司肯定破产。但是，如果联邦快递因此而偏离了自己的使命和愿景，后来也不可能出现这样一个全球物流巨头。

企业价值逻辑

我们在第 2 章介绍的企业算法，是由核心业务逻辑、核心管理逻辑、核心价值观构成的。其中核心业务逻辑是基于对客户和行业前瞻而深刻的洞察，构建的一套价值创造和价值获取的方法。这套逻辑在很长时间内都会有效，比传统战略所考虑的 3～5 年的时间跨度要长很多。

我们以迪士尼公司为例来解释什么是企业价值逻辑。迪士尼公司创始人华特·迪士尼最早在一张餐巾纸上勾勒了迪士尼公司价值创造的整体逻辑（图 3-1 是迪士尼公司存档的 1957 年企业逻辑版本）。

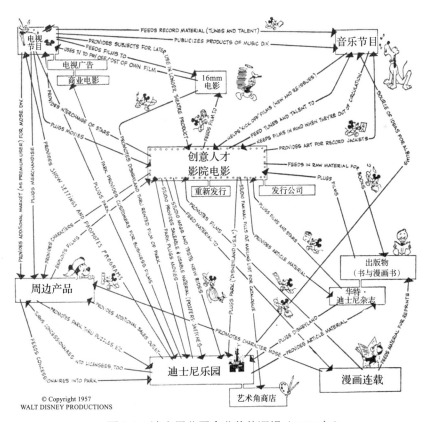

图 3-1　迪士尼公司企业价值逻辑（1957 年）

资料来源：Zenger. What is the Theory of Your Firm? [J]. Harvard Business Review, 2013.

这张图描绘了一系列与娱乐相关的资产，包括杂志、漫画书、漫画连载、电视、音乐、实体游乐园、周边产品等，而处于中心的是电影。图中所展现的是不同资产之间的协同关系，比如漫画连载可以帮助推广电影，电影为漫画连载提供素材；电影为迪士尼乐园提供素材，而乐园又强化电影中的形象，共同提高周边产品的销售；电视播放音乐作品，而电影为音乐提供素材和人才。如果用一句话来描述迪士尼公司的企业价值逻辑，大致会是"迪士尼能够持续创造价值的方式，是打造家庭喜爱的动画和真人电影形象与场景，通过各种周边资产不断强化以占领大众心理份额，并在此过程中获取价值"。美国战略与领导力教授托德·曾格（Todd Zenger），2013年把迪士尼公司的这种企业逻辑称为"企业理论"。[15]

迪士尼公司在历史上的起伏，充分体现了企业价值逻辑的重要性。华特·迪士尼1966年去世之后，公司管理层没有充分理解并运用这一企业逻辑，逐渐偏离了以动画为核心的电影制作策略，让整个体系创造和获取价值的发动机大大放缓，电影票房、乐园门票、周边产品销售都大幅下滑。1984年左右，一些私募股权投资机构盯上了迪士尼公司，打算通过恶意收购来控制企业，然后把资产分拆卖掉从中获利。董事会最终选择了不卖公司，而是把派拉蒙公司的CEO迈克尔·艾斯纳（Michael Eisner）请来担任迪士尼公司的CEO，他之后在迪士尼公司做了21年的一把手。

艾斯纳上任后让迪士尼公司返回到了原来的价值逻辑，在动画电影上大举投入，产出了一些非常成功的电影，如《美女与野兽》《狮子王》。之后的十年中，迪士尼的电影票房占美国电影市场的份额从4%上涨到19%、周边产品销售额涨了8倍。除了电影外，艾斯纳开发了新的迪士尼乐园，并依照迪士尼公司企业价值逻辑的理念增加了零售店、游轮、百老汇剧场等新业务线。在这段时间中,迪士尼公司的市值从19亿美元上涨15倍,到280多亿美元。

但是,艾斯纳带领的迪士尼公司后来又逐渐偏离了这个逻辑,收购了一些缺乏协同关系的资产,比如洛杉矶的一家电视台、一支棒球队,同时没有抓住动画领域科技变化的潮流,让不少优秀人才流失到电脑动画制作公司皮克斯。虽然迪士尼和皮克斯有合作协议,但是两者之间的关系逐渐恶化,并在2005年终止合作。这一年也是艾斯纳被继任者罗伯特·艾格(Robert Iger)取代的一年。艾格接手迪士尼公司之后,又很快回到了华特·迪士尼最早阐述的企业价值逻辑,以70多亿美元收购了皮克斯,后来又收购了漫威公司和卢卡斯影业,带来了一系列极具人气的电影形象,并将其植入到迪士尼乐园中。[16]

迪士尼公司过去几十年的历史,就是一个围绕其企业价值逻辑展开的坚守、偏离、回归、迭代的过程。这个逻辑的基础是人性,是全世界家庭对"真善美"的天然认同,是动画人物的可塑性、可控性和长期稳定性。

优秀企业往往有自己长期坚持的价值逻辑,即使很多时候并不会像迪士尼公司一样有一张图。比如宜家在家居用品领域,通过优秀的产品设计、极致而创新的成本控制、流畅的购物体验,在年轻客群中成为首选。亚马逊则很早就确定,不管技术如何变化,消费者都希望更多选择、更低价格、更快送达,因此只要围绕这三条做透企业就可以长期持续成长。

巴菲特关于人生和投资的比喻是滚雪球,最重要的是发现湿雪和长长的山坡,小雪球在滚下去的过程中会不断长成大雪球。其实,这与企业价值逻辑是一个道理,即发现长期稳定的需求(雪道)后设计一套方法（雪球），依靠时间的力量产生复利。

长期管理理念

敏捷组织需要有一套相对稳定的管理逻辑，只有如此才能建立起组织习惯，产生下意识的行为，当一线团队面对复杂问题时，就能以这套管理逻辑作为决策依据。当然，长期管理理念也需要持续迭代来匹配周围世界的变化，但是由于它是建立在对人性、组织、社会的深度洞察之上，随时间的变化会渐进缓慢，而不会是猛烈快速的突变。出于所处行业或业务模式的差异，不同企业的价值逻辑可能有很大不同，但是能长期保持优秀的企业，往往在管理理念上有很多共性。

管理学者和作家吉姆·柯林斯在《选择卓越》（*Great by Choice*）一书中尝试找到卓越企业的成功密码。[17]这本书根据对30年内大约2万家美国上市公司的研究，识别出了7家被称为"10倍速"公司的卓越企业。1972～2002年，10倍速公司与其行业平均相比至少胜出10倍；如果初始投资是1万美元的话，30年后投资总额会超过600万美元，是股票市场平均回报的32倍。这7家企业在这30年间都经历了从弱小到卓越的发展历程，都是在极其不稳定、不确定、模糊的环境中取得了这样的成就。

柯林斯的研究发现，与其他公司相比，10倍速公司的领导者业绩的差异并不是因为其更有创造性、更有远见、更有魅力和雄心、更有冒险精神、更大刀阔斧。而是在于他们首先理解世界有太多无法控制的不确定性，也无法准确预测重大事件；同时，他们并不认为不可控制、难以预测的世界会完全决定企业的结局，而是可以通过不同的策略来影响或实现自己的目标。因此，对于不确定性，他们首先是接纳，而不是抱怨，然后在接纳的基础上积极应对。10倍速公司领导者采用四位一体的管理理念来践行这种积极应对的策略：严明的纪律、基于实证主义的创造性、建设性焦虑以及第五级雄心的领导者（见图3-2）。

严明的纪律让10倍速公司在正常轨道上运转。通过对业务本质的深度理解寻找到创造价值的关键，然后咬定青山不放松。纪律给行动带来一致性，包括价值观、长期目标、绩效标准、方法论等多个维度的一致性。纪律需要独立的思想和勇气，不会因为别人的风言风语、眼前的困难或好运气而改变想法。有严明纪律的领导者，甚至会被他

图3-2　10倍速公司领导者的四位一体管理理念

人认为是偏执、不讲人情、幼稚，但他们知道自己这些行为背后的逻辑，并愿意为此而无视他人的评价。比如，一家医疗公司把每年净收入增加20%当成纪律，一家航空公司把每年必须盈利作为纪律。

基于实证主义的创造性为10倍速公司领导者的纪律提供依据。为了实现在不确定环境下长期持续的增长，企业必须通过创造力来产生独特的价值，而不能简单沿用过去的经验、抄袭竞争对手的策略、盲目听信顾问或投行的建议。但是，创造性必须使用科学思维的方法，对创造性的想法通过观察、实验、数据等进行测试，而不是靠灵光一现、经验想法、权威观点等方法。只有经过实证检验的创新做法，才能在行动时做

到大胆投入。

建设性焦虑让领导者对未知保持高度警惕，在形势一派大好的时候更要担心不利情况会怎样发生。这些领导者认为一帆风顺只是短暂现象，而狂风暴雨才是常态，从而不会让自己和企业放松警惕。10倍速公司领导者能在这种焦虑的基础上采取积极的行动来应对可能的危机，做好充分准备，危机一旦发生就不会因为恐惧乱了方寸，保持高质量决策所需的清醒头脑。

第五级雄心的领导者把建立一家伟大的企业、改变世界、服务社会等超越自身利益的目标作为奋斗的动因。他们是谦虚个性和专业意志的结合体，愿意为了更高的目标放下骄傲、权力欲、控制欲，而让更多的人能够绽放自我。在专业上，始终坚持具体、有条理、始终一致的方法论。这种柯林斯称之为 SMaC（Specific, Methodical, and Consistent）的方法，与企业价值逻辑一样，可以长期保持不变。

《选择卓越》一书的中文版于2012年发行，我在2013年偶然读到了这本书，很认同其中揭示的10倍速企业的共同做法。这套理论与龙湖相对稳健、低调的风格有很好的匹配度，同时中国的房地产行业其实是不确定性很高的一个行业，尤其需要建立一种能在高度不确定性环境中经营的方法论。在龙湖2013年年底的年会上，我和公司的中高层管理者分享了这套理念，虽然后来再没有专门针对这个内容进行讨论，但是之后几年中的很多关键决策和体系建设，10倍速企业的这套管理理念大都隐含其中。

比如，"基于实证主义的创造性"这一点，体现在必须通过深入研究去理解客户需求到底是什么，而不是认为企业中有所谓高手能预测客户需求；体现在对主流共识的怀疑，当行业内很多企业的策略是做大销售规模时，我们会讨论地产开发行业的规模效应到底能有多大，追求规模是为了江湖地位还是基于商业逻辑；也体现在旗帜鲜明地反对经验主义，反对老中医把脉式的解决问题方法，我甚至在一些培训中跟大家开玩笑说，"掌握这套方法论后的副作用是不太相信中医了"。

虽然柯林斯在书中没有提到敏捷的概念，但是他提炼出的这些卓越组织的做法与敏捷组织的理念高度契合，都是首先接受我们生存的世界具有多变性、不确定性、复杂性和模糊性的 VUCA 本质，再来设计自己的策略。

第 4 章

敏捷战略

企业的方向感来自使命、愿景、企业价值逻辑，以及长期管理理念，而企业中的个体必须通过战术层面协作来持续解决新问题、达到新目标，才能离理想越来越近。

战略，就是连接企业方向和战术动作的桥梁。

战略是有计划的机会主义

在 2012 年加入龙湖担任战略负责人之前，我在麦肯锡工作了五年多时间，为很多企业做战略、投资、营销、运营等咨询项目，横跨多个行业，涉及政府、国企、民企、外企、国际非营利机构。但是到龙湖后，发现当时公司高层有一个说法是"战略是总结出来的"，这让我很困惑自己的工作职责应该是什么，难道是总结战略？可这能有什么价值呢？这个困惑逼着我去搞清楚一些问题：站在企业局中人的角度来看，战略到底是什么？应该是什么？怎么做？

在企业的日常中，战略似乎听起来高大上，但实际上是最为模糊的一个词，每个人可能都有自己的理解。这里举几个简单例子：

- 战略就是定目标。比如，三年后企业销售规模达到 500 亿元，就是某家企业制订的战略目标。但是，由于缺乏实现目标的路径，在后面的执行阶段就必须不断摸索，在资源和人才上易造成损耗。
- 战略就是老板定下的事。比如，一线业务单元的负责人会认为老板来定战略，自己的责任就是去执行老板的意志，而老板也认为自己的工作就是制定战略。这会逐渐把老板的想法泛战略化、神秘化，当成圣旨。
- 战略就是短期不赚钱的事。比如，事业部在向集团提出投资建议时，虽然项目看起来有问题，但会尝试用"这是一个战略性项目"来加分。但问题是，做短期不赚钱的事并不意味着长期会赚钱。

我把企业战略定义为："**企业战略是解决如何赚钱、如何多赚钱、如何长期多赚钱这组问题的一套选择和行动。**"

这意味着战略必须有目标，要综合考虑长期和短期利益，要能持续提升，要明确选择做什么、不做什么，要有整体性和完备性，以及要匹配资源来产生真实的行动。

传统的企业战略管理会分成战略制定和战略执行两个部分。在相对稳定的环境中，两个阶段会明确分开，战略周期较长，比如 3～5 年，这是基于对外部环境能够做出较为准确预测的假设。但是，VUCA 环境中,无法做出3～5年的准确预测,必须要通过敏捷的方式来实现企业方向和战术执行之间的匹配。

那么,如何思考大规模敏捷组织中战略的样子、形成的方式以及执行的方法?

战略是总结出来的,最直接的意思就是企业不需要提前思考战略,根据做出的结果再去讲战略是什么,就像先射箭再画靶子。这句话有它的道理,很多有关企业如何通过战略前瞻和执行坚定而成功的故事,只不过是事后回忆总结时,为了刻画主人公的形象而创造出来的。

战略是总结出来的,其实就是机会主义,非常适合初创企业。因为初创企业的早期就是看到市场机会,拉几个兄弟一起合伙干起来,边干边学,把公司做起来。10个初创公司,能成功一个,就可以讲自己的战略故事了;而没有成功的那9个,不会有谁记得它们,战略正不正确也就没有什么关系了。在中国过去30年的超级周期里,有不少从无到有的行业,比如房地产、互联网行业,商业模式透明,很容易上手,因此往往很快就会进入激烈竞争的格局。在这种环境中,如果把战略理解为选择行业、确定目标等一些相对简单的内容,也没有大错。但是,这种颗粒度的战略无法影响企业成功概率,只能变成成功者的事后总结,是幸存者偏差的一种表现。

按照"战略是总结出来的"来思考问题,会降低我们正确认识世界的能力。就像人类的进化过程,一般的简单叙事是生活在树上的猿猴经过一次次变化,学会直立行走、使用工具,并在这个过程中自身形态发生变化,最后演变成了人,是一个线性过程。但实际上,在历史上任何一点看向未来,都是未知但都要选择,是待在树上还是去草原、是留在非洲还是继续往北走？每个选择都是一个进化的分叉，有的分叉很快消失，而有的分叉幸运地保留下来，直到产生另一个分叉。因此，进化的形状像是带有很多分枝的一棵树，而不是一条直线（见图4-1）。

图4-1 进化的分叉

资料来源：http://breakbrunch.com/this-is-what-evolution-looks-like/.

当行业逐渐成熟，集中度越来越高，企业数量越来越少、规模越来越大时，企业就需要建立真正的战略能力，而不能先做再总结。这意味着要在分叉口对每条路线做更好的判断，做出成功概率更高的选择和一套行动方案，从而让大组织的各个部分在行动时有更好的配合，即战略一致性。

在大组织的战略管理需求和"战略是总结出来的"之间，能否找到一种思路，既能考虑市场和竞争环境的不确定性、企业通过行动改变命运的可能性，又能兼顾大组织有效运营所需要的战略一致性？在寻找这个答案的过程中,我借鉴了明茨伯格关于战略的思考,把 VUCA 环境中的战略称为"有计划的机会主义"(见图 4-2)。

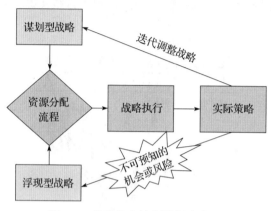

图 4-2　战略是有计划的机会主义

亨利·明茨伯格在 1978 年提出浮现型战略(emergent strategy)这个概念,以区别于谋划型战略(deliberate strategy)。谋划型战略是我们平常所理解的 3～5 年战略,企业内部对人财物的资源分配需要根据这种战略来执行。但是,当市场出现预期之外的风险或机会时,在紧盯长期愿景的前提下,企业要对这些风险和机会做出反应,及时修正之前的谋划型战略,并调整资源分配方案。

这就像在足球运动中,前锋在跑动中接长传球时,不是提前计算好球的落点,然后一路跑到那个位置。因为很难准确估算球的速度和角度,也很难准确计算落点,尤其是在风雨天中更无法预测。实际的做法,先是有个大致的奔跑方向,然后边跑边回头看球,实时调整奔跑的方向和速度,直到接到传球。

因此,大规模敏捷组织需要有计划的机会主义,同时兼容两种战略制定方式，既有计划，又能抓住机会。这种复合型战略制定模式成功的关键，就是在谋划型战略制定的过程中，让更多人参与进来，在制定战略的同时深刻理解背后的原因和事物之间的逻辑关系，形成组织层面思考战略的体系框架。那么，当外部市场环境发生变化时，团队就可以把这些变化放到战略框架里去评估和处理，然后形成浮现型战略。如果没有谋划型战略做基础，当外部环境发生变化时，团队很容易通过直觉和条件反射来处理，只关注解决眼前问题而忽视长期战略和愿景。

拳王泰森曾说，在脸上挨了一拳之前，每个人都有个计划。在实战中，必须在挨了一拳后能继续比赛而且要获胜，那么就需要长时间练习直到形成下意识的习惯。军队也是如此，通过训练和演习，不断熟悉在多种环境下作战的方法，这样在实战中才能更冷静地处理新信息。有计划的机会主义，就是把制定战略、计划行动的过程当成训练，这样在看到机会时才可能抓住、看到陷阱时才可能避开，而不是要拘泥于谋划出来的战略报告和计划安排。所以，敏捷的战略制定过程会有两个产出，一个是谋划型战略本身，另一个是团队进行战略思考的能力，而后者更为重要。

在战略是有计划的机会主义这个思路下，战略制定更关注关键选择而不是规划，更注重有准备的应对而不是预测，更拥抱不确定性而不是选择逃避，更要抓住事物的本质而不是追逐流行的概念，更关注企业长期成长而不是当下的数字，更需要建立战略冗余度而不是追求精确，更要让全员理解战略方向而不是具体的指令。

看起来敏捷组织的战略似乎更灵活，甚至不需要提前想太多，其实要比传统组织对战略能力的要求更高，需要建立起更稳定、更深层次的逻辑内核，才能在应对外部变化时，既能敏捷应对又能坚守战略方向。

提高生存概率

在充满高度不确定性的世界中，也许**最大的失误就是用确定性问题的解题思路来解决不确定性问题**。17世纪法国哲学家、数学家和物理学家帕斯卡在思考神是否存在这个问题时，采用了基于概率思维的实用主义方法，对我们面对不确定性问题的思考会有所启发。

他首先承认人们无法证明神是否存在。为决定一个人如何行动，可以根据神是否存在、一个人是否信神两个问题的回答，设想四种可能的结果。如果一个人信神，假如神存在的话就赌对了，死后在天堂永生；假如不存在，只是活着时浪费了一些时间和精力。如果不信神，假如神存在的话，那就会死后万劫不复；假如不存在，活着的时候就没有浪费时间和精力。即便神存在的概率极低，但由于赌注的后果非常严重而投入成本不高，实用主义的做法是相信神的存在。这个问题后来被称为"帕斯卡赌注"（见图4-3）。

本节关于提高企业生存概率的内容，与帕斯卡赌注的逻辑相似，都是通过投入小成本为未来买保险，是接受不确定性后的实用主义方法。

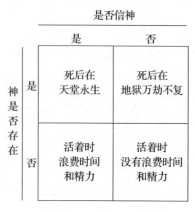

图4-3　帕斯卡赌注

接纳概率性的世界，不要成为"预测控"

企业需要放下一种"预测控"的执念，即认为高层要能准确预测未来几年客户、市场、金融政策等重要方面的变化轨迹，并由此制定战略让各部门执行，否则就是没有战略能力。我曾听到过一种说法，认为企业战略的最高境界是做出一个战略并分解，然后大家依计执行，最后呈现一个完美的结果，过程中没有什么浪费，干净利索。但这是对战略的一种不符合实际的浪漫主义幻想。在充满不确定和混沌的现实世界中，事物之间的关系其实并不明晰，而是模糊的、概率性的，甚至在某些时间段是混乱的。

纳西姆·尼古拉斯·塔勒布（Nassim Nicholas Taleb）用"黑天鹅"这个概念描述了不确定性，并在他的几本书中详细地解释了世界的概率性本质。回顾物理理论的发展进程，从牛顿力学到爱因斯坦的相对论、海森堡的测不准原理和量子力学，我们认识的世界前沿理论不断由确定性走向不确定性。但是，在事物中寻找因果关系，是人类在长期进化过程中发展出来的一种信息处理模式，只有找到因果关系才能预测一个行动的后果，也只有这样才能谋划未来并付诸行动。在小范围、短时间、相对简单的情况下，往往能够找到确定的因果关系，比如蝴蝶扇翅膀能飞起来；但是在大范围、长时间、高度复杂的环境中，因果关系就变成了概率性的，比如亚马孙森林的一只蝴蝶扇翅膀，也许会造成大西洋的一场飓风，也可能不会。

天气预报是我们常见的用概率来表述的信息。天气预报都会包括一个概率，比如明天90%的可能性会是晴天。我们会看7天甚至14天的预测，实际上对 2 天以上预测的准确度一般不会较真。但是，即便预测明天晴天的概率是 90%，结果下雨了，也不能说预测是错的，因为毕竟还有 10% 的概率会下雨。那么如何评估一种预测方法好不好呢？

只有通过对大量数据进行统计分析才能得出预测方法的评估结果。天气预报是一种高频工作，每小时都可以通过计算机预测模型对新的气象信息重新计算一次，得出新的预测结果。所以，如果将预测模型计算的结果和实际情况进行比较，可以根据大样本数据计算出预测准确率，而这个数字能反映出预测模型的能力。

但是，企业在制定战略时的预测属于低频工作，没有足够的数据来计算模型的准确率。如果根据单次预测结果与实际情况的比较来评价预测能力，在逻辑上就是错误的。

当用错方法时，以确定性思维习惯来理解概率性、不确定性的事物时，轻则无用，重则会产生负面结果。如果是公司老板自己做预测及投资决策，企业中一般不会有人对实际结果与预测的差异做公开评价。但是如果差异很大，决策者自己就会有很多心理压力，而这种压力容易让决策者陷入"一定要证明自己是对的"的心理防卫状态，拒绝接受现实，不会选择止损，这样可能会给组织造成更大的伤害。我们平常说的"谋事在人、成事在天"，就是针对世界概率性的本质，给自己心理找的一个出路。

但是，企业战略本来就是要在长期方向和短期战术动作间找到一个连接，因此它必须提供一定的确定性。在概率性的世界中，这种确定性不是坚定地相信未来 5 年世界会发生什么，而是在接受现实规律的前提下找到确定性相对高的那部分。这种策略的基本逻辑就是：

先保证活着，然后寻找确定性相对高的机会，在更深层寻找更稳定的事物，在其上下功夫，胜不骄败不馁，不断提高对世界的认识和行动能力。

"活着"意味着一家企业可以不断地尝试，这次运气不好没关系，下次再来；这次技不如人欠火候，复盘提高后再来；只要活着就有机会。用概率的语言来讲就是"遍历性"，只有通过大量的尝试，才能评价一种方法得到某种结果的概率是多少。

那么是否就应完全放弃预测，随遇而安？也不是。对于一些具有长期稳定趋势的事物，是可以预测并有价值的。比如从目前人口年龄的分布入手，结合对生育年龄、生育率、死亡率等的预测，就可以推算出未来每年人口年龄的分布。但是，对其中关键假设的预测，比如生育率，又涉及对经济发展、收入水平、人群偏好、科技发展（如机器人）等方面的预判。人口分布的变化相对缓慢，这一状态是很多行业进行未来预测的基础。

对于较小范围、较短时间内事物的预测，边界条件明确，也可以产生有价值的预测。比如股票市场高频交易的算法，就是根据极短时间内交易发生的模式和惯性来做决策。在一个城市的某个区域做二手房交易的公司，可以下功夫把客户在未来半年内的换房意愿了解清楚，在大环境不变的情况下（这是前提条件），对未来的业务量也可以有个大致的估算。

但是，在很多战略制定所用的 3～5 年中，会有很多无法预测的情况。比如，在房地产市场还没有政府限价的时候，能对未来 3 年全国主要城市每年的房价做出预测，是每家房地产公司最梦寐以求的能力。但这一预测实际上涉及的变量非常多，不止相互之间的关系高度复杂，而且一些关键变量无法预测（如当地政策），因此根本无法提前3年做出房价预测。但是，若预测未来3～5年全国住房潜在需求总量，则预测质量会相对好些。

在制定敏捷战略时，适度预测有价值，但是企业的最高决策者应该避免成为"预测控"。正如查理·芒格所讲，宏观是我们必须接受的，微观才是我们能有所作为的地方。

建立战略储备，保有活下去的资格

2014年，龙湖和沃顿商学院定制了两星期高管课程，全集团高管和高潜力干部分两批去美国费城上课，每批学习时董事长、CEO和我都会全程参加，利用这个时间大家共同讨论。一位沃顿金融学教授向大家分享了其对金融危机的研究，提到了一个被学者不断证实的观点，即经济泡沫无法事前预测，只能事后判断。当然，总有人试图去预测，也总会有一些人的说法凑巧与结果相符，但是并不等于泡沫可以被预测。这个泡沫无法预测的观点，在我们之后的很多战略讨论中都是一个基石假设。

在第二年的一次管理会议上，一位新来的高管表示不了解龙湖的长期战略是什么，因为我们的确没有正式的公司战略报告。我花了几秒钟思考，希望用简洁的语言回答这个问题，"龙湖的长期战略是活着"，我说。这位高管听了之后先是愕然，然后是失望，因为他并不想在一家只求活着的企业工作，而是希望有更大的发展。我后来把"活着"改成了更具感召力的"穿越周期的赢家"，让大家更能接受，其实，本质没变。活着是一种长期思维，不是形势不好的时候才讲活着，在形势很好的时候更要想，这样才能在困难时还有活着的资格。

那么，在不能预测未来到底如何发展时，企业怎样才有活下去的资格？平时必须控制财务杠杆，寒冬将至的时候才能靠着较低的利息支出和较强的现金储备存活更长的时间。

财务杠杆是一把双刃剑。当市场好、团队强的时候，提高财务杠杆可以提高股东回报；当市场不好、团队弱的时候，回报低于预期但还要持续支付利息，若企业收益无法支付债务利息，就会陷入危险。长期保有活着资格的企业，正常经营时会将负债率控制在安全线以下。当市场进入不利情况时，也能从容应对；在极端情况下，察觉到信贷危机即将来临，应该尽量在账上留有大量现金，即使这意味着从银行借款导致负债率提高。实际上，平常的低负债率就是为了建立一个缓冲，在危机到来时就有回旋余地了。在 2008 年金融危机爆发时，能提前以信用额度从银行借到现金的企业，就比其他企业的情况好不少。

建立全面成本意识和能力

企业间竞争的核心，是以更低的成本帮助客户更好地解决问题。成本能力，既是进攻也是防守。具有全成本能力的企业，具有更强的竞争力，当市场不好、其他企业很难支撑下去的时候，这类企业有更大的空间做价格竞争，提高存活率。

全面成本意识和能力，就是在任何事上都要考虑投入产出比，而考虑投入的时候包括各种显性和隐性成本，考虑产出的时候也要包括直接收益和间接收益。典型的显性成本包括原材料、设备、工资、耗材、资金成本等，大家都容易理解。比如一家以成本管理闻名的企业要求员工双面打印,或者把之前单面打印过的纸再重复利用,虽然这个事情节约不了多少钱,但可以给所有人高频地传递出企业非常重视成本的信号。隐性成本范围很广,比如为了一些不必要的精确而多付出的时间成本、高管在不重要问题上花的低效时间、为了内部流程的正确性而牺牲客户满意度等,这些成本往往具有隐蔽性,但是往往会给组织造成很大的长期影响。如果能在企业中建立起全成本意识,大家也会对各种浪费现象保持敏感,如浪费材料、金钱、时间、员工热情等,就可以用精益的方式持续提高成本能力。

理解全面成本需要很强的系统思考能力,需要遵循经济学的基本原理,天下没有免费的午餐。看到任何有收益的事情都要考虑到它的成本,同时看到任何成本也要理解我们能从中获得的收益。这里举几个从全面成本角度来看问题的例子。

阿里巴巴集团的文化。阿里巴巴集团(简称"阿里巴巴"或"阿里")的价值观迭代了几个版本,从高端到接地气。阿里巴巴 2001 年第一版价值观是"独孤九剑",即激情、创新、教学相长、开放、简易、群策群力、专注、质量、服务与尊重。2005 年,经过 300 多人的讨论,把"独孤九剑"浓缩成"六脉神剑",即客户第一、团队合作、拥抱变化、诚信、激情、敬业。最新的 2020 年版则从过去的关键词变成了六句"阿里土话",分别是:客户第一,员工第二,股东第三;因为信任,所以简单;唯一不变的是变化;今天最好的表现是明天最低的要求;此时此刻,非我莫属;认真生活,快乐工作。这种转换,除了内容上的与时俱进,也是一种降低沟通成本的方式。第一版价值观和第二版价值观都需要进一步解读才能理解,而第三版价值观基本不需要解读。每次解读都会产生时间成本，以及由于误解可能带来的间接成本。

同样，如果从成本的角度来看，阿里巴巴最初用金庸小说人物名字作为部分人员花名的做法，是借金庸的武侠世界，低成本地创造了一家企业的精神世界，而不仅仅是拉近员工距离。其实，"阿里巴巴"这个名字本身就是低成本打造高知名度的经典案例，具有很高的管理杠杆效果。有的企业为了弱化内部层级观念，让大家用英文名字而不是以"某总"彼此称呼，出发点很好，但是与阿里巴巴的花名系统相比，投入产出的回报还是不高。

薪酬标准。对知识型工作来说，优秀员工创造的价值要比一般员工的价值不只高出 30% 或 50%，而是数量级上的差别。在高科技领域，一般认为优秀程序员的价值在普通程序员价值的 10 倍以上，乔布斯认为 1 个出色的人才可以顶得上 50 个平庸之才，谷歌一位工程副总裁认为这个差别要达到 300 倍。因此，对于关键的知识型员工，如高级程序员、科学家、高管，如果能招聘到业内真正的高手，以高薪酬加以雇用其实是综合成本最低的策略。

美国流媒体公司奈飞（Netflix）⊖的人才和薪酬策略就是从市场上找最好的人、付最高的薪酬，而龙湖有个说法"付 2 倍的工资干 3 倍的活"，表达的是同样的意思（这里的数字表达一种理念，并非实际数字）。当然，这个逻辑的前提，是企业知道要什么样的人并且能够相对准确评估。有的企业采用高薪酬策略，以天价从市场上挖人，但在人才招聘和使用上有很多漏洞，反而造成反向筛选，引入一些追逐利益但能力和价值观不匹配的人。也有的企业认识到自己在人才识别和使用上能力欠缺，但解决方法不是提升人力资源管理能力，而是采取低薪酬策略找二三流人才，

⊖ 也称网飞。

让企业越来越弱，这种低成本策略反而会带来极高的间接成本。

高管时间分配。高管的时间成本很高，所以如果高管都很忙的话，似乎他们薪酬的投入产出就更好，企业的管理水平也就更高。实际上，高管的时间是企业的战略性资源，要从机会成本的角度来看。敏捷组织中高管更需要以企业家精神来要求自己，思考时能站在老板和投资人的角度看问题，行动时能理解基层和中层的实际状态。如果整天都在具体事情上忙碌，就很难有时间做深度思考和创造性的工作，陷入今天和明天的各种问题中而难以有所突破。因此高管的时间安排中，必须要留出思考的时间，来考虑后天和大后天的问题。有的企业追求跨行业多元化，但是忽视了老板和高管时间的稀缺性，在任何一个行业上都不能投入足够多的时间和精力，结果在与专业度更高的公司竞争时会很难胜出。

走少有人走的路

对追求高绩效的组织来说，要对大多数人抱有的所谓主流观点保持警惕，并积极寻求反共识的高质量观点。共识，就是大多数人和企业认同的观点，如果按照这样的观点来行动，就只能产生平均水平的绩效，而不是超越平均水平的高绩效。这不是说企业的各个方面都要追求非主流，为了不同而不同，而是要始终怀着高远目标，不接受平庸，要不断挑战常规做法，寻找更有洞察的观点、采取更有效果的行动。

注重战略选择而不是规划

在很多组织里，当谈到战略时往往会将其和规划联系起来，被称为

"战略规划",也有的把战略部门直接称为"战略规划部"。战略规划的一般做法,是每隔 3～5 年制定一次战略,通过分析趋势、外部机会和竞争、内部能力和挑战后,选择未来几年要重点抓住的机会和目标,以及企业需要打造的能力。之后,把这个大目标分解为每年、每个事业部要达到的阶段性目标。同时,把组织能力也分解到相应职能和事业部未来要做的工作中。在之后的战略执行中,每半年回顾战略的执行情况并进行适当调整。

这种做法的大逻辑没有问题,但是在实操过程中,会发现大家的重点经常放在战略报告的完整性、预测的准确度、目标分解的全面性上,而在战略选择、关键路径和能力要求方面,特别是对哪些机会要放弃、哪些原来的做法必须改,研究不深、讨论不充分。如果再把市场预测与实际情况之间差异的情况叠加上去,在执行的时候就会发现实际结果和预先的规划越差越远。但是在每半年的战略执行评估中,往往是把实现原先目标的时间往后推,而不是开诚布公地检讨之前的战略是否要迭代,毕竟"执行层"的目标是要把工作做出来,是要把不可能变成可能,使命必达。公开质疑高层战略有问题,认为不可能做到,也许是一个人终结自己职业生涯的最快方式。

在上面这种场景中,战略制定和执行阶段出现的很多问题,其实来源于同一个底层问题,那就是对战略选择的分析和决策质量不高、共识不足。理性方法缺位的时候,经验、激情、面子、好胜心、恐惧等就会在决策中占领引导的角色。而当决策质量高时,我们就更能做出坚决的选择,行动开始后能根据情况变化,不断提高对事物的认知并以此迭代实现战略的具体路径。

敏捷组织的战略制定过程，不是一种预测—选择—行动的五年规划制定过程，而应该是聚焦在一系列重大选择问题上的持续战略之旅。在使命愿景的长期方向指引下，建立起企业与外部世界之间的互动关系，然后持续扫描内外部变化，对影响企业发展的一些关键选择进行深度思考和决策，平衡当期经营业绩和长期企业价值，并在此过程中不断更新企业算法和管理体系。

正因为这个原因，尽管我在做战略咨询工作的时候往往是通过战略研究和报告为客户服务，但是在龙湖我没有写过任何常规意义上的三年或五年企业发展战略报告，有的只是针对关键问题持续做专题研究、研讨、决策，如企业规模和质量的取舍、城市化趋势和投资选择等。我仅在某次年会上，以一页纸的总结形式，简单描述了企业愿景和战略方向，同时请地区公司和事业部总经理在他们各自的年会上与大家分享，让全员都知道战略的大方向。

一个关键战略选择的例子是2012年对未来企业定位和规模的讨论。龙湖早期以高端产品为主，特别是别墅。但是，随着主流中端客户群体的扩大和市场份额的提高，企业必须思考未来是做小而美的企业，还是要在规模上更进取，从做少数高端客户到做更多人的生意。我当时和大家分享了汽车行业的启示，高端的小众汽车品牌基本都被面向主流市场的大型车企收购，比如阿斯顿·马丁、沃尔沃、捷豹、路虎都曾经被福特收购，法拉利曾经在菲亚特旗下，宾利、布加迪、兰博基尼都是大众汽车集团的一部分，劳斯莱斯是宝马旗下企业，等等。

虽然汽车行业和房地产行业有很多差异，特别是规模效应的大小很不一样，但是在中国快速城市化的过程中，这个启示的意义不在于具体规模应该有多大,而在于形成了公司必须扩大客户群体的共识。当时我并没有很清晰地意识到,这个选择的难点,是如何让一家企业有多线作战的能力,即如何在每个客户群体中都能实现超出竞争对手的客户满意度和财务回报。如何实现大规模差异化这个战略问题,会在后续的战略选择决策研讨中被识别、讨论并解决。这个决策让龙湖坚决地迈出了原来的能力圈,为未来开拓了更广的发展空间,也让组织建立了"出圈"的方法和信心。

敢于创造不同的未来

我刚开始在龙湖负责战略的时候,正好一位长期做市场研究的同事内部转岗到战略部,当研究一个问题时,他的习惯做法是根据过去几年的数据建立多变量回归分析模型,然后推算出未来几年的数据。然而,用简单的回归分析模型思考战略问题的方法是错误的,因为这种方法的基本假设,是未来世界的运行规律和过去的一样,企业能力也和过去的一样。而战略要解决的,是我们当下做什么才会有不一样的未来。

实际上,这种思维方式在很多管理领域都有自己的变种,如果不敏感的话就很容易陷入其中。比如,在制定第二年预算的时候,不管是在收入端还是成本端,简单的做法是根据当年的销售额或成本,以及对未来市场的预测,再加上一定程度的讨价还价,得出明年预算。但是,这种思路缺乏一种必须要改变现有格局的勇气和决心,一年后企业只是规模变大了一些,但没有在竞争力上超越对手、超越自己。

龙湖曾经有段时间花很多精力打造集团营销体系,其中一个待解决的问题就是让销售管理更有前瞻性,能和财务管理更好地协同。营销团队设计了一套方法，先是根据项目特点把全国所有项目进行分类，然后把过去几个月每类项目的销售情况与对未来市场环境的预判结合起来，就可以比较好地预测未来几个月的销售状况。在讨论这个方法的时候，我建议集团营销管理部门不要只预测未来的销售，因为这是基于未来能力和过去能力一样的假设而推导出的数字。我们要做的是**改变假设**，通过不断提高销售能力来实现更好的结果。后来营销团队做出了一套标准的营销打法，用方法论、流程、培训、人员安排等手段，让每个项目的每个步骤都做到位，真正提高了业务能力，改变了假设。

应对这类问题的一个做法是运用"零基思维"，在财务管理中很早就有零基预算的工作方法。制定第二年预算的时候，所有预算都是以零作为讨论的基础，而不是假设过去的收入或成本会延续到第二年。那么，企业必须重新思考第二年要做什么，需要投入什么，而这一切都是基于客户、市场、竞争、产品、管理体系等方面的深度思考。零基思维是把这种思考问题的方式扩展到其他各种领域，包括战略决策领域。

美国芯片制造企业英特尔创立之初，以动态随机存取记忆芯片（dynamic random access memory，DRAM）为主力产品。由于产品壁垒不高，多家竞争对手加入赛场，包括东芝、日立、NEC等，竞争日益激烈，拉低行业利润，英特尔的业绩也渐渐恶化。英特尔起初希望通过提高产品品质、增加研发投资来摆脱竞争对手，但未能如愿。最后，不得不权衡是否要退出曾让企业辉煌了十多年的DRAM领域，转身投入到技术壁垒更高的中央处理器（central processing unit，CPU）上。在1985年权衡这个决定时，当时还不是CEO的安迪·格鲁夫（Andy Grove）问英特尔时任董事长兼CEO戈登·摩尔（Gordon Moore）："如果我们被裁，董事会请来一位新老总,你觉得他要做的第一件事是什么?"摩尔回答:"他会放弃 DRAM。"格罗夫想了一会说:"那就让我们自己来做这件事吧。"[18]

亚马逊的"Day 1"原则,也是一种零基思维。所谓"Day 1",就是说不管公司发展到什么程度,不管取得了多少成就,仍要把每天当成第一天。这种思维方式,能让组织更加聚焦客户需求,远离大组织惯性和官僚作用。

探究行业本质,找到战略支点

要想找到简洁而稳定的战略方向,必须要有深度思考。在高度不确定性的世界中,不能简单地预测现象,而是要找到现象背后的原因,不断探究,发现变化之下那些不变或缓慢变化的驱动因素。只有在不变或缓慢变化的动因上做投入,才能让这些投资经历足够的时间后产生收益;反之,如果盲目追逐最新的潮流而忘掉业务的本质,往往最新的潮流很少能够留存下来,这些投资就会打水漂。

亚马逊创始人杰夫·贝佐斯(Jeff Bezos)在企业发展之初,就抓住了零售行业的本质:不管未来技术、模式如何变化,客户在买东西的时候都希望选择更多、价格更低、到手更快。亚马逊围绕这个洞察,极致地以客户为中心,不断寻找在这三个点位甩开竞争对手的方式,护城河越做越深。

如果一家企业的愿景和目标足够高远,就要不断寻求比竞争对手更深的洞察,积极探索非共识的观点,选择少有人走的路才可能有与众不同的结果。为了达到这种深度,很多时候需要在第一性原理层面来思考,同时善于利用成型的理论框架。想要的答案不会很快浮现，往往有个曲折的过程，有时甚至要付失败的学费；但是如果持续思考，不断挑战当前的理解，就会离答案越来越近。

有的洞察比较直观，也比较容易在企业内达成共识。比如关于中国城市化会以城市群的形式发展的洞察，在十多年前麦肯锡就进行了研究，并在包括零售、汽车等很多行业的战略制定中进行应用。我在2012年把这个研究结果引入龙湖，结合其他经济学家关于城市化的分享，公司很快就确立了以核心城市为基地聚焦20多个城市群的战略选择，而不进入城市群之外的三、四线城市。这个选择对于之后购物中心的投资选择有重要意义，因为在有人口长期流入动能的城市持有商业资产，长期升值有很高的确定性。在做出这个选择后，就不需要非得对每一个项目未来每年的经营状况进行准确预测；实际上这种预测根本无法做到准确，只是因为投资测算模型必须要有才不得不做。因此，这时候的投资更多是基于对未来趋势的判断，而不是貌似准确的定量预测，模糊的正确要好于精确的不正确。

有些问题并不能在短时间内得出结论，而要在过程中不断加深理解。在解决如何实现大规模差异化的问题上，当时龙湖就是通过深度思考和纠错得出一组策略。这要从迈克尔·波特（Michael E. Porter）的竞争战略理论谈起。波特认为，通用性的竞争战略有三种模式：差异化、低成本、聚焦细分市场。差异化战略是通过为客户提供超出竞争对手但客户愿意支付溢价的产品和服务而获胜。低成本（或称为成本领先）战略是通过在成本上形成压倒性优势，从而可以和竞争对手展开价格战而获胜，但这种成本优势必须是结构性的，否则只能靠降低利润率来竞争。聚焦细分市场战略是在一个小的市场里，比其他任何竞争对手都更了解客户和市场环境，从而在小环境里形成产品和成本优势。由于之前已经决定我们不打算停留在小而美的聚焦细分市场战略上，所以在差异化和低成本战略上，到底应该如何选择，就成了要持续思考和讨论的问题。

由于房地产行业是一个非常本地化的行业，不同城市在发展阶段、客户购买力和购买偏好、竞争对手等方面都不大一样，所以竞争策略要根据每个市场的具体情况来定。因此，我们开始试图在不同的城市因地制宜制订竞争策略，比如在北京、上海这样的高房价城市应该采取高度差异化战略，在长沙、沈阳这样的低房价城市采取低成本战略，而在成都、青岛等中等房价城市采取部分差异化、部分低成本的战略。但是，做了一轮这样的分类和讨论之后，我意识到之前的想法不对，其实在所有的城市都应该选择差异化战略，而成本能力只是一种必要的基础能力。

这个顿悟基于几个理由。第一，如果以终为始来看，越来越多的城市未来都会像北京和上海一样，进入城市化率放缓的阶段，要想在这些城市中长期经营，必须要有差异化能力。第二，和制造业大规模生产的产品不同，房地产行业每块土地都具有独特性，在竞争中，只有能充分挖掘土地价值的企业，才能在土地拍卖中获胜。第三，在目前房价低的城市，企业更需要深度理解客户，通过以更低的总成本优化产品配置让其更有竞争力，这也是差异化能力。第四，房地产行业难以产生结构性低成本能力（例如，中国曾经远低于发达国家的人工成本、露天煤矿相比地下煤矿的低开采成本），因此低成本策略是一条大家都冲向底部的道路，互相竞争会不断压低行业利润率。第五，差异化战略能很好地匹配龙湖已有的强调平等的价值观，否则很多在企业文化建设上的投入都是无用成本。

在差异化战略选择明确后，龙湖逐渐建立了一整套围绕这个战略、可规模化扩展的管理体系，体系的核心是把对客户的深度理解贯穿于各个专业职能中，从产品导向转变为客户导向。当然，房地产行业里也有清晰地通过极致标准化的低成本策略来实现超常规模发展的企业，但是围绕低成本策略打造的能力在一、二线城市缺乏竞争力，企业只能通过下沉到低线城市来换取销售规模，可持续性压力很大。而更多企业没有思考过这个问题，在差异化和低成本策略之间没有做出有意识的选择，导致后续的业务策略和能力建设缺乏方向，难以形成能力随时间持续增长的复利效应。

动态寻找复合竞争力

企业在思考战略的时候一般都会问自己一个问题，我的核心竞争力是什么，凭什么这个机会是我的？核心竞争力这个概念是美国管理学者加里·哈默尔（G. Hamel）和 C. K. 普拉哈拉德（C. K. Prahalad）在1990年提出的，是指让一家企业在市场中具有独特地位的一组资源和技能的组合。核心竞争力必须能对客户产生价值，难以被竞争对手模仿，并有可能应用在更广泛的领域内。

在 VUCA 的市场环境和激烈的竞争中，单一维度的竞争力很容易被其他人模仿，同时环境的变化会让核心竞争力的有效时间大大缩短。因此，敏捷企业的真正核心竞争力在于能够**持续产出**对客户有独特价值但竞争对手难以模仿的核心竞争力**组合**，这意味着持续创新能力必须是敏捷企业的一个底色。企业高管需要有一种健康的焦虑感，对内外部的变化保持敏感，持续评估这些变化是机会还是威胁，判断企业现在的核心竞争力是否需要升级。

在龙湖决定要做大而美的企业之后，我们也进行了企业核心竞争力的讨论。有人说是景观能力，因为龙湖在房地产行业的确有景观大师的称谓，但景观其实很容易被抄袭；也有人说是企业文化，龙湖在这方面做得不错，但企业文化本身不是竞争力，必须和特定业务策略结合起来才行；也有人说是低资金成本，低资金成本就像品牌美誉度一样，其实是业务做得好的结果。

这个问题当时并没有找到答案，而是在后来沿着怎么让企业更有竞争力这个主题，不断迭代中逐渐成形。简单总结的话就是深度洞察客户、协同解决问题、简单直接低权力距离的价值观、追求卓越的上进心。这些方法和价值观的组合，可以让企业在市场上与任何选择差异化策略的对手竞争，结合天时地利，就能够胜出。

后来随着越来越多的企业能做出更好的住宅和购物中心，龙湖只有迭代其核心竞争力，才能持续形成相对优势。2016年年初，一次偶然的机会，我在香港度假时住进将军澳的一家酒店，引发了我对轨交节点项目（transit-oriented development，TOD）的兴趣。将军澳位于港铁将军澳地铁线接近终点的地方，是一个非常有特色的地铁站点大型综合开发项目。根据居民乘地铁往返市中心工作的生活场景，这个项目围绕地铁站点整体规划成圈层，地铁站点直通购物中心和酒店，外面一圈是幼儿园、学校、医院等公共设施，再外面是住宅。这样，住户晚上乘地铁回家的路上，下了地铁就可以购物，或者从学校接上孩子，然后走路就可以回到住宅区。我后来在日本东京休假和考察的时候，特意只乘坐地铁、城铁和高铁，体验生活在一个典型超大城市群的感受。

在中国有很多建设在地铁站点之上的购物中心，但是，围绕地铁站点的高水平大型综合开发项目很少，融合高铁、城铁、地铁、公交系统的商住综合开发项目更少，而这很可能是未来高度城市化的发展路径。多轨融合的开发和商业经营，是人流汇聚的节点，比单纯的地铁站点商业开发的复杂度高很多。但是，只有这种符合未来发展方向，同时难度很高的技能，才能有资格作为企业未来核心竞争力的一部分。

第一次和高管团队讨论 TOD 时，有些同事并不以为然，认为龙湖已经做了很多地铁站点购物中心项目，本来就是 TOD，没必要多此一举。后来我在龙湖花了两年左右的时间，才让更多人理解 TOD 项目和传统地铁站点购物中心项目的差异，以及对企业未来竞争力的重要性，包括在政府和市场中形成"TOD 专家"这种认知的价值。到 2021 年，越来越多的房地产企业开始强调打造 TOD 综合开发能力，龙湖也把 TOD 项目作为获取投资的重要手段，而这个探索其实在五年前就开始了。

识别独特机会

企业的方向感是要让所有人都能把自己所做的工作与这种方向感联系起来，自我驱动、主动调整。而敏捷组织各个层面的团队，不管是企业高管、职能部门，还是事业部、项目团队、专项团队等，都要有能力主动识别与企业方向所匹配的机会，然后协同作战去抓住机会、实现目标。这些机会可能是开展新业务、进入新城市，或者是创新产品、降低成本、提高效率等。例如，在公司战略层面，到底做哪些人的生意、在哪些区域做、怎么做，是高层需要回答的问题；而产品团队则要不断在满足客户需求、超越客户预期、建立成本竞争力等方面主动寻找新机会。

识别机会是一种综合能力，当我们说一个人对机会很敏感时，可能是说他能看到别人看不到的广度、深度、角度、时间纵深等维度。有些人天然对机会敏感，倘若要在组织里让更多人有识别机会的能力，可以通过使用一些思维模型和方法来培养。我在这里分享两个在工作中高频使用的方法，可以帮助组织各层面的团队提高机会识别能力，它们是"客户导向"和"超越平均"。这两种方法的概念很简单，真正的难度是形成下意识的思考动作，看很多事情的时候都从这两个角度去思考：到底谁是客户？往下看一层会怎么样？

极致客户导向

任何组织、团队和个人的价值，都只能由外部决定，这本身就是"价值"的定义。而决定我们价值的那一方，就是广义的客户。公司在讨论企业价值观的时候，很少有不提"客户至上"或"客户导向"的，但在实践中，不同的概念往往会产生不同的做法。"客户至上"，容易被解读为客户是"上帝"，要尽量满足客户的各种需求，实践中容易演变成讨好客户、不计成本满足客户需求，从长期看不可持续。"客户导向"，则通过理解客户表达或未表达出来的需求，设计并提供企业的产品和服务，同时满足财务回报要求并帮助员工成长。敏捷组织的逻辑需要"客户导向"。

客户导向可以先从狭义客户开始，即购买我们产品和服务的客户。即使在同一个行业，不同企业对"谁是客户"这个问题也会有不同的认识，而这种差异会让企业走上很不一样的发展轨迹。比如平台型业务模式有不同类型的参与者，淘宝天猫这样的线上平台既有购物者也有商家，而线下的购物中心也同样有购物者和商户。有些企业认为购物中心是出租空间给商户，商户再向购物者出售产品或服务，因此商户才是付钱的客户；而有的企业认为购物中心首先是服务于购物者，之后才会考虑用哪些商户来服务好这些购物者。当线下购物中心面对网购和不断增加的线下同行的竞争时，只有把购物者当成最终的客户，以终为始，思考如何为他们创造价值，之后才能为商户和购物中心带来收益。

大部分企业在发展的过程中，在客户导向上往往会有几次转变：

1. 创业者早期一定是客户导向的，只有这样客户才愿意购买自己的产品和服务。

2. 企业发展到一定阶段后，逐渐对自己的产品产生盲目自信，认为客户肯定喜欢，企业慢慢变成产品导向；而这时候创业者与一线客户的距离已远，围绕客户需求的创新动力就会减弱。

3. 虽然老板希望大家有创新，但是因没有客户导向方法论，职能间协同不足，就会在讨好客户和自嗨式创新之间摇摆，在客户满意度和财务回报之间找不到平衡。

4. 为解决上述问题，要使用客户导向、体系化的产品设计和运营方法，持续做出叫好又叫座的产品和服务。

龙湖对客户一直非常重视，每年的客户满意度分析是中高管必须全程参与的环节。但是，早期在产品设计端还没有系统性的客户偏好分析，导致产品创新与客户偏好的匹配度不稳定，时好时坏，高层不断提醒大家要控制创新的度，进而控制未来销售阶段的风险。在进入一座新城市的时候，由于对当地市场理解不足，同时过度相信自身产品力，很多时候会吃亏。大家日常用语中会经常说"龙湖的客户如何如何"，隐含着龙湖只有一种客户的假设，实际上，2012～2013年中端客群的销售占比增长很快，而龙湖过去的产品主要针对高端客群，因此面临主流产品能力和利润率上的挑战。

那段时间，我正好牵头对龙湖的一个大型旅游地产项目进行重新定位。之前有外部咨询公司从概念和规划的角度做了相关研究，各种业态内容非常丰富，很受政府欢迎，但是背后缺乏客户和业务逻辑，很难操作。我们在项目重新定位的工作方法中引入了客户细分的概念，针对不同客户细分进行竞争分析、产品定位和客户体验设计，并组织集团和项目团队进行全球项目考察。这项工作最有价值的产出，是让组织内部很多人理解了客户导向和客户至上之间的差异，理解需要为不同客群建立差异化的全业务流程策略，为之后客户研究部门的正式成立打下基础。

客户导向的具体方法根据行业特点各有不同。客户研究职能在快消品、汽车等传统行业是标准配置，而互联网行业吸收借鉴了这些传统行业的做法，并根据互联网行业的特点推演出了更高效的做法。比如，AB测试是直接把两个版本的互联网产品同时推至测试人群，根据用户反馈来选择更被认可的产品设计。企业在积累了大量用户数据后，就可以更好地设计产品原型，进一步加速产品的推出和迭代。

狭义的客户导向如果在一家企业中能够被大力推广到实践中，那么这个理念会逐步溢出到其他领域，产生二阶效应。比如，在企业内部跨职能合作时，如果能把彼此当成客户，试图去理解内部客户的动机和需求，会提高员工同理心和协作质量。或者，当集团职能部门希望让下属事业部采用一种新做法时，就不会简单地通过发号施令去推动变革，而是把下属当成客户去理解他们的真实动机和需求，这样设计出来的变革策略就能更好地落地。

在缺乏客户导向的组织中，很容易产生老板导向、竞争导向或产品导向。在大规模组织中，由于时间分配不足，老板对于客户的认知容易停留在过去，老板导向会导致认知和现实脱节，同时让员工形成听老板就好的心态。这种情况下，老板和员工各自的认知会彼此加强，外部输入不断减弱，导致内卷。而竞争导向是根据竞争对手或竞争产品的情况，决定自己到底应该做什么，这实际上就是一种跟随者策略，放弃了成为高绩效卓越企业的可能性。产品导向是基于企业当前的产品能力，决定可以卖给哪些客户，它是一种静态思维，导致企业在未来某个时间一定会丧失竞争力。

超越平均

超越平均，是要在比他人视角更细的颗粒度上来观察和思考，从而发现不同于上一层的规律。在商业领域，超越平均是指不要根据平均值来看机会，而是要深入到比竞争对手更细的颗粒度上寻找结构性机会。比如，从人口增长率的角度来看房地产行业的吸引力，日本应该没有什么开发商了；实际上，如果去看东京、大阪这样的城市，会发现那里的年轻人口是持续增长的，而不少老年人退休后会选择搬离大城市，把大城市的房子卖掉到周边或小城市养老。

快速城市化阶段在房地产行业土地投资领域，到处都是机会。但是，从购物中心这类长期持有资产的选址来看，就不能只看眼前而必须看一块土地未来 10～20 年的发展。龙湖早期的一个重要战略选择是建造并运营购物中心，选址决定项目的未来价值。在投资决策上沿着超越平均的思路，在省、市、行政区、板块、轨道节点等层级上一级级不断提高研究的颗粒度，选择高价值点位并培养相应能力，比如在一、二线城市的差异化竞争能力、TOD 项目的综合开发能力等。

在房地产行业，即使面对的是供应过剩的红海区域，也可以通过对客群更细颗粒度的分析，找到尚未被现在竞品项目满足的某类客群需求，为他们设计产品。之前提到的客户细分，就是放弃"某某公司的客户"这种说法，根据客户家庭结构、购买力、生活场景等维度上的差异，进一步将其细分成多个客户群体。在互联网行业，拼多多就是凭着对低线城市和"五环外"客群的理解，在电商平台竞争中快速撕开了一道口子。

在时间维度上也可以通过细颗粒度分析找到机会窗口。仍以房地产行业为例，如果一个城市板块的土地供应量很大，开发商在销售时就容易扎堆，陷入红海竞争。除了寻找未被满足需求的客群之外，在时间上也可以研究每块土地的情况及其开发商的运营能力，找到供应量相对少的机会窗口。一家企业就是通过这样的分析，在某区域发现了一个 3 个月左右的时间窗口，然后以终为始来优化运营节奏，赶在了窗口期进行销售，销量和价格都得到了保证。

美国一位连续创业者 Naveen Jain 创立的一家公司 Viome，通过细颗粒度分析发现了一个大幅降低慢性病的颠覆性方法。[19] 研究表明，人体基因总数中只有 1% 来源于人类 DNA，99% 来源于各种微生物，我们的身体其实是一个生态系统，而越来越多的科学研究认为很多慢性病与肠胃微生物之间有密切关系。Viome 通过对一个人的肠胃微生物群落进行基因测序得出其组成，并借助人工智能分析，得出实现健康状态所需的个人定制营养滋补品配方。

企业内部专业职能团队在寻找管理提升的机会时，也应该不断地使用超越平均的思路，寻找结构性优化机会。比如成本管理的优化，可以针对某类产品，或者某类供应商、某类区域等进行分析，在企业内部发现管理优秀和管理不好的案例，然后学习优秀做法、摈弃低劣做法。

当我们用超越平均的方法来抓住机会时，企业的业绩也会超越平均水平，长期来看，时间带来的复利效应就会让企业与其他对手拉开距离。

第 5 章

战略知行合一

在传统的战略管理模式中,高层定了战略后就是团队执行的事情,两者之间的联系是一组战略举措和时间表。如果结果不如意,执行团队容易抱怨战略不好,而战略制定者会抱怨团队执行力不强。

我们经常听到的,企业成功等于战略乘以组织力,其实是战略与执行的另一种说法而已,组织力就是组织执行战略的能力。这种战略与执行在概念上的分割,容易造成单方或单向用力的现象,比如战略部门负责战略制定,人力资源部门负责组织发展;为了提高战略能力就去看战略类的书籍、参加战略能力的培训,为了提高组织能力就去看关于组织发展的书籍、参加组织能力的培训。

战略和组织是两个概念,它们只存在于抽象的企业管理中,而在真实工作场景中发生的,是具体的一群人做具体的一些事,是在更细的颗粒度上进行互动。企业中其实没有所谓的战略问题、营销问题、财务问题、人力问题，只有长期绩效问题。从这个角度看，也许是同一种深层能力决定战略质量的好坏，也决定组织能力的高低。比如，识别战略机会与组织建设重点的能力，背后都需要高效协作解决问题，都需要关注管理层是否有持续做出高质量决策的能力；构建业务增长飞轮与组织变革的能力，背后都需要对生物体的成长机理有深刻洞察。

爱因斯坦认为，"你无法在制造问题的同一思维层次上解决这个问题"。比如，到底是先有鸡还是先有蛋？这个问题的答案既不是鸡也不是蛋。先是有"上帝"造万物的理论，由一个全能的神同时造出鸡和蛋。后来运用科学的方法，发现是进化产生了鸡和蛋。这两种理论，就是在不同层次解决问题的例子。

在现实中战略与执行存在的问题，恰恰就是因为彼此割裂，因此按照分而治之、先后顺序的方法来解决战略和组织问题的思路，就是在同一思维层次上解决问题的思路。

战略是有计划的机会主义，这个洞察会把战略制定和执行的关系从传统的先后顺序关系，变成彼此交织的互动关系。类似鸡和蛋的问题，一种思路是由一位超级领导者通过远见卓识和抓铁有痕的精神，把战略与执行统一起来；而另一种思路是用一种方法同时解决战略与执行的问题，这个方法论就是协同解决问题的方法。在第11章中，我会进一步阐述，解决问题的能力也是敏捷组织领导力的核心。

战略即执行，执行即战略

敏捷组织中战略与执行之间的关系更紧密、互动与迭代的频率更高，

"战略即执行,执行即战略",指的是好的战略一定是可执行的,也只有正在执行的行动才会体现企业的实际战略。

如果把战略制定与执行明确切分,容易在组织中形成责任感的分裂,有人负责战略制定、有人负责执行,但没有人能站出来负全部责任。即便是一把手,也可以把执行不力的责任推给下属,最终以心有余而力不足为借口为自己找台阶下。因此,高层首先要对业务结果承担无限责任,有担当后才会有心态的转变。

战略与执行的关系,类似于王阳明所讲的知与行的关系。他认为"知者行之始,行者知之成",意思是认识道理是行动的开始,而行动是认知必须体现的结果。只有知识和道理,但不去践行,就不是真的知道;在行动时缺乏思考,不能产生新的领悟和认知,就不是有意义的行动。

战略与执行的关系,也是理论与实践的关系。毛泽东在《实践论》中指出,认识从实践始,经过实践得到了理论的认识,还须再回到实践中去。他总结到:"通过实践而发现真理,又通过实践而证实真理和发展真理。从感性认识而能动地发展到理性认识,又从理性认识而能动地指导革命实践,改造主观世界和客观世界。实践、认识、再实践、再认识,这种形式,循环往复以至无穷,而实践和认识之每一循环的内容,都比较地进到了高一级的程度。这就是辩证唯物论的全部认识论,这就是辩证唯物论的知行统一观。"㊀

面对 VUCA 的环境,敏捷组织必须做到战略的知行合一,才能提高战略方向和组织执行之间的迭代质量和频率。因此,制定战略时,一定要考虑组织和团队的执行能力;执行战略时,如果结果与预期不一致,

---

㊀ 毛泽东.毛泽东选集(套装全4册)(普及本)[M].2版.北京:人民出版社,1991.

就需要反思长期战略和关键假设,并迭代战略。

战略需要聚焦,只有这样才能在资源有限的情况下取得更高的胜算,才能让团队产生强烈的信念感而且在行动时愿意全身心地付出,进一步加大胜算。这个战略之道,可以借用佛家所说的"戒定慧、信愿行"来描述。在高管对结果承担起无限责任后,以"戒定慧"制定战略,以"信愿行"执行战略,聚焦、坚定、极致、迭代,把战略与执行做到知行合一。

戒定慧:战略制定

所谓戒,即认识能力圈、聚焦、存利他心。世界之大,机会之多,以有限的企业资源去追逐无限的机会,胜算一定很低。因此,战略选择必须明确不做什么,才能把资源聚焦在属于自己的机会上。这种选择,除了分析机会外,更重要的是理解企业自身的优劣势。与佛家讲的戒类似,战略需要建立在利他心之上,心中想着要成就客户,企业才会真正为客户长期创造价值,才能留给自己足够长的时间让前期投资产生回报。能否为客户创造价值,其实是衡量企业核心竞争力的一个最基本的标准。

所谓定,即理性方法、实事求是、心无杂念。理性是提高战略决策质量的核心,但是实操起来非常困难。最新的脑科学研究发现,我们在快速决策时,即便是自认为通过理性思考后得出的结论,也非常可能是先通过直觉做决策,再经过大脑寻找相应的原因,同时让自己相信这是先分析后决策过程。恺撒认为,大多数人只希望看到自己想看到的现实而已,就是这个原因,当情绪不可避免地进入到决策系统中时,就会干扰甚至绑架理性系统。关于如何提高理性思考和解决问题的能力，将会在第 6 章和第 7 章中深入讨论。

所谓慧，即探究本质、独特洞察、理解因果。佛家讲因定生慧，在战略制定上也是如此，因为只有理性、心无杂念，才更容易找到事物的本质，这样制定出的战略才会更符合客观规律，管理杠杆才会更高，执行效果也就更好。企业必须要把战略建立在独特洞察之上，才可能超越竞争对手。战略需要以终为始来设计路径和行动组合，需要充分理解因果关系和时间价值，然后在动因上施力，让时间发挥作用，而不是直接在结果上较劲。战略的因果关系又是非线性、复杂的关系，战略家需要理解二阶效应、概率性等内容。

信愿行：战略执行

所谓信，即相信、共识。企业战略的高质量执行，首先是高管团队要相信、有共识，而让高管团队相信的最好方法，是让他们一开始就参与到战略制定中。这不仅能保证战略的质量，更能让每一位高管成为主人翁，承担起无限责任。

企业中层和基层对战略的相信，要从知道开始。常规做法是"战略沟通"，通过各种信息渠道让大家都知道企业将往哪里去、怎么去。但是，知道不等于相信。中层、基层的相信，更多是靠参与到每一项战略工作中的亲身体验，因为看到高管的变化，所以才会慢慢相信。

相信，也有程度的不同。有的是假信，嘴上说相信但内心并不认同。有的是闪信，程度浅，来得快去得也快；至于来时快去时慢的相信，就像一见钟情、再见倾心，不是常有之事。而笃信，这种强烈而坚定地相信，是可以把自己托付其中的，最高级的就是信仰。比如，平常很多管理者可能会讲长期主义，但当短期利益与长期利益发生冲突时，要在当前业绩和未来价值之间做选择，只有少数真正相信的人才会选择长期主义。能拥有这种战略定力，是因为在战略制定时做到了戒定慧。

所谓愿，即我要、我愿意。员工从相信战略，到真正愿意投入进去，需要从旁观者转变成为局中人。在这个转换过程中，不管是显意识还是潜意识，每个人都会做投入产出分析，看看对自己是否划算。毕竟，如果真的不信不愿，员工可以选择离开一家企业。因此，企业需要设计与战略相匹配的激励机制（要同时考虑财务和非财务激励手段），来影响员工的投入产出分析，提高员工投入度。小事情上，投入产出容易计算，特别大且模糊的、长期的事情，就很难计算清楚。这时候就需要一些更高维度的价值输入，比如个人使命和意义，这对中高层、知识型、创意型员工尤其重要。

在个人层面，如果经过很多分析之后还是纠结，就需要克服对不确定性的恐惧，不再一味追求更多的分析，而是纵身一跃进入未知，把自己托付给之前的相信。这时候，愿景和价值观就会扮演决定性的角色，可以让人超越眼下的得失。

所谓行，即坚定、迭代。有了笃信、真愿，行动就是水到渠成的事。战略执行一定会有组织变革，需要个人和组织改变老习惯、形成新习惯。变革不会一蹴而就，需要耐心和恒心。这个过程会不断考验践行者的信和愿，是否真的相信、真的愿意。信和愿的程度越高，践行者就越不会因为失败而放弃，能力提升就越快，进而会强化信和愿。反之，信和愿的程度越低,践行者就越容易产生挫败感甚至放弃。而放弃也是一种习惯,一旦组织养成了这种习惯,失败只是时间问题。

变革需要领导者以身作则,起到榜样的作用,来强化其他员工信和愿的程度。在这个意义上,领导力就是能自发产生、持续对未来的相信和愿意的能力。

建立分布式战略能力

大型企业可能会在发展关键期,考虑请战略咨询公司帮助制定未来3~5年的发展战略,我过去也做了不少这样的工作。但在10年前我离开麦肯锡加入龙湖的时候,当时董事长的一个期望是提高企业的战略思维能力。战略与战略能力,这两个问题看起来差别不大,但其实非常不同:解决第一个问题会产出一套好战略,而解决第二个问题会形成持续产出好战略的能力。关于要提高企业战略思维的想法,其实当时只有那么一次讨论,而且是多个讨论点中的一个,并不是重点,但是这个点对我后来的工作方式有非常重要的影响。关键转折点只有在事后才能体现出来。

什么是战略思维?这个问题与"什么是战略"相关,但是更加难以琢磨,因为只有通过高质量的战略思维,才能产生高质量的战略。企业在招聘高管时,往往会要求候选人具有优秀的战略思维能力,然而,这个概念只是存在于纸上,难以定义、难以衡量。我之前做战略咨询工作时,是通过一个又一个项目不断打磨战略思维,在实干中学习,并不会有一门"战略思维"的课程。

后面几年中，在试图提高组织战略能力的尝试和思考中，我逐渐形成了对战略思维的一个定义，即"**战略思维能力是在空间、时间、人性的五维世界中进行系统、深度思考的能力**"。

空间有三维，涉及国家、地域、城市区划、板块、道路、地势、天空等，不管是在战争还是企业决策场景下都必须要考虑。

时间的维度，宏观上涉及历史演变、当下格局、未来路线的思考，可以1年、3~5年、10~30年，甚至百年千年来考虑。微观上会有产品或服务的速度、季度、月、天等颗粒度。

人性的维度，很容易被忽视，涉及对社会、企业、团队、员工、客户、其他利益相关方的理解，不管是在战略制定还是执行时，都是必须要考量的因素。比如，对于传统经济学中理性人假设的挑战、对人的思维陷阱的研究，会把人的非理性行为考虑进去，产生了诸如行为经济学这样的学科，或者让人按照主导者的想法去行动的微影响策略（Nudging，在电子游戏、广告等方面有很多应用场景）。

把空间、时间、人性放在一起思考时，必须要有系统思考的方法和理论构建能力才能建立起不同维度之间的关系，同时只有通过深度思考才能在无尽的复杂性中找到相对稳定的底层逻辑，建立更为简洁的模型来理解过去、现在和未来。应对复杂性的策略，不是穷尽所有可能性，而是找到一组符合第一性原理的规则来建立思维模型，用来指导当下的选择和行动，从而接近我们想要的未来。

敏捷组织的一个基本假设就是一线团队面对快速变化的环境，必须尽可能在**此时此地解决问题**，这样才能创造更好的价值。因此，在大规模的敏捷组织中，战略思维能力不能只局限在老板、总部、中心，而必须要下沉到事业部、区域公司，形成分布式战略能力，才能够在此时、此地做出更好的战略决策。这就像组建一台计算机，如果只是一个单核 CPU，所有信息都要汇集到 CPU 来做决策，然后再把决策分发出去执行。当信息和决策数量太大时，单核 CPU 就会因负荷过载、温度过高而烧掉。而现在新的 CPU 架构是多核（四核、八核、十六核、六十四核等），可以把任务分配给多个子处理器，形成更大的处理能力。

当我们把战略能力定义为在五维世界中系统深度思考的能力时，这种思维能力其实在战略议题以外的很多场景中都能使用，比如在产品设计、项目管理、组织发展、财务管理等各种专业议题中，都可以使用这种思维能力。在企业高管层面，提高领导力和提高战略能力其实是相通的，都要通过理解人性、理解时间的价值来解决问题。因此，当我们在组织中建立起分布式战略能力后，也会进一步提高组织中领导者解决各种其他问题的能力。

敏捷团队需要根据此时此地的情况制定方案，因为不同的团队有各自的特点，即使面对同样的问题也会产生不同的方案。而这种不同，就是组织创新能力的一个重要来源，就像自然界生物进化过程中基因突变所扮演的角色。在这个意义上，如果团队具有一定的多样性，而不是整齐划一，分布式战略能力就是组织创新能力的一个关键要素。

战略共谋

从一线业务工作中成长起来的领导者，要有意识地提高战略思维能力。我刚加入龙湖的时候，恰好是春节假期之后，而放假之前各个区域公司的一把手都在年会中做了工作报告，这些内容一定程度上反映了每个团队的思维方式。我看完所有报告后，发现关于市场、客户、竞争等策略方面的数据和结论很少，而大多内容比较宏观、感性，更多是肯定和鼓励团队的激情和投入，而不是在取胜的策略上达成共识。

提升一线领导团队的战略能力，就是一种建设分布式战略能力的方式。但是，这不能简单地通过找专家做培训来实现，而必须在真实战略问题上战训结合才能练出来。在龙湖的实践中，起初我也试图通过给各个地区公司和事业部的管理层提供战略方面的工作模板，培训战略分析和麦肯锡解决问题方法的手段，来提高团队的战略思维能力。但是很快我就意识到这种方法没什么效果。不管用何种模板，团队都可以在模板的框架里添上一些内容，但很多内容往往貌似有道理，然而经不起推敲，很容易就变成走过场。后来真正起作用的，是我们进行的一项称之为"战略共谋"的工作，通过在真实战略问题的讨论中不断碰撞，在实际工作中提炼战略思维能力。

在敏捷组织中，不会假设老板或 CEO 是洞察一切的神，因此战略不是由 2～3 个人在私下里谋划后，再通过一层层战略分解落到事业部、甚至下一级单位。这种工作方法用一个很形象的词来描述，即"战略解码"，似乎高层提出的战略是用密码写出来的，一般人看不懂，所以需要解码。

在复杂多变的环境中，战略工作方法要从战略解码转换成为战略共谋，即总部和事业部或地区公司之间通过研讨辩论，打磨出事业部的战略并与集团形成共识。这种工作方法让集团与一线都了解战略背后的逻辑，那么未来在执行战略时，集团就能够给予充分的资源支持，同时当外部环境变化导致战略需要进行调整时，之前在逻辑层面达成的共识可以更好地延伸到新的策略中。通过这种工作方式，总部对市场环境与一线团队状态也能有更好的认识，能作为集团整体战略思考的高质量输入，从而提高集团战略制定和执行的质量。在快速变化的环境中，双向的战略共谋要优于单向的战略解码。

在大型组织中推动思维方式的改变，是最难的一项变革。一个策略是先选择少数愿意尝试新做法的领导者作为试点，达成阶段性成果后，让更多的人在看到这种变化带来的好处后更愿意尝试，正所谓星星之火可以燎原。在龙湖的这个变革过程中，我最初从十多家地区公司中选择了三家，与他们一起打磨出地区公司战略初稿，然后每家公司与CEO和我在战略共谋研讨中交流，之后进一步迭代。在战略共谋的多轮讨论中，我们对地区公司管理团队（特别是一把手）的能力长短板也有了更好的判断。当然，对大家最直接的触动，是对于战略思考清晰的地区公司，集团在投入资源的时候会更有信心，比如对城市、客户、竞争理解透彻的地区公司，集团会投更多的钱来助其获取项目。这种资源倾斜会直接影响地区公司业绩，因此大家就会你追我赶，形成一种既互相学习又互相竞争的氛围。当然，这种氛围需要与之匹配的企业文化和激励机制，能把组织整体的成功置于小团队成功之上。

通过战略共谋提高组织的分布式战略能力，可以实现三层目的。最浅层的目的是让事业部或地区公司形成未来成为赢家的战略，作为具体工作的纲领。深一层的目的是让一线的核心管理团队建立真正的战略共识和对胜利的信念，以后面对艰难险阻时，能够因为相信而挺过去。最深层的目的，是让核心管理团队建立一套基于战略共识与信念的协同工作和思考的方法，以便在应对内外部各种变化时，能够快速、系统地形成新的战略思路（即浮现型战略），而不是进入简单应激反应的状态。

这三层目的是围绕敏捷组织中"战略是有计划的机会主义"的理念建立起来的，要实现这些目的，战略共谋需要做好几个关键点。

真相信。这项工作的本质是通过实践学习，改变团队原有的思维方式。因此，事业部或一线团队的第一负责人与管理层，必须真正相信，才有可能让改变真正发生。

当时在龙湖的一家地区公司开战略共谋启动会的时候，刚来不久的一把手迟到半小时，而且他还要提前半小时离开去参加一个外部午餐。虽然他请我不要等他，先开始和其他管理团队成员讨论，但为了让大家真正重视这次会议主题，在他没到之前我并没有开始会议。在下午部分的会议开始前，我单独和这位老总进行了沟通，直接指出他好像并不相信这项工作的价值。他倒是也很坦诚，说根据在之前公司的经验，他认为战略应该是集团一把手的事，地区公司团队的职责是执行，不需要关心战略。

讨论到这种深度的时候，就容易找到问题的根源。我让他和团队理解战略共谋在龙湖整体打法中扮演的角色，与差异化战略之间的联系，而这与他之前工作的企业有很大不同。只有在"真相信"这件事上较真，才能有改变的可能性。

跨职能。分布式战略能力建设的对象不只是业务单元的一把手，而是整个管理团队，因此必须不断地强调建立跨职能战略和战术协同的能力，例如在关键会议中要求核心管理团队必须全部参加并积极讨论，重要的战略议题通过跨职能工作组来解决。

在龙湖的实践中，每个地区公司都有一个战略共谋的牵头人。虽然最终结果由一把手负责，但是这个牵头人会做很多项目管理、内容整合的工作。我们特意不限定这个牵头人应该来自哪个职能岗位，各个业务团队根据自身实际情况可以挑选任何一位职能负责人来担任，因此能看到运营、客户研究、投资等专业职能负责人担任这个角色。这个安排会强化协同工作氛围，同时不同背景的牵头人会有不同的思维习惯，让不同业务团队的战略共谋通过多元化的团队产生差异化的方法，进而产生创新和学习的机会。通过这项工作，牵头人得到了实打实的战略训练，后来有不少人成长为龙湖或其他企业的地区公司甚至集团的领导。

强调跨职能工作，也让龙湖的客户研究工作方法显著区别于其他房地产同行，形成独特竞争力。房地产公司的客户研究一般放在营销体系内，强调客户识别和营销策略；也有企业把客户研究放在产品设计职能中，强调根据客户需求设计产品。其实在任何一个行业，营销、产品、成本部门之间都会有冲突点，营销希望更好地满足客户需求，而产品和成本部门则必须考虑可实现性、成本配置、长期运营成本等。这些冲突点其实就是机会点，但前提是要有能够跨职能紧密协作解决问题的方法和能力。

在龙湖各个地区公司的战略共谋工作中，我会要求每家地区公司必须根据当地客户细分研究结果选择几个目标客群，针对每个客群，所有专业职能都要围绕客户细分特点实现逻辑交圈，要在市场中为每类客户提供最具竞争力的产品。这就要求做客户研究的同事必须能够把客户视角带给所有职能，而不是局限于自己所在的组织架构中的职能角色（营销或产品)。

通过在地区公司跨职能的深度研讨，也能帮助集团各个专业职能条线更好地理解一线存在的挑战与可能的解决方案，从而通过更有针对性地培养集团专业能力来赋能一线，最终实现"两个交圈、一个穿透"，即集团各专业职能间、地区公司各专业职能间各自交圈，同时在同一个专业职能中集团与地区公司形成一致。

关于如何做好跨组织、跨层级协作，将在第6章与第7章中做深入讨论。

强逻辑。要在不同职能间建立起一套协同解决战略问题的思考和工作方法，必须在底层有很强的逻辑性和系统性。因此，集团和地区公司的战略共谋，也是辅导一线团队进行更有逻辑性、系统性思考的途径。通过对似是而非观点的提问和挑战，让观点更能经得起推敲，让大家更脚踏实地、实事求是。

在战略共谋工作早期，每家地区公司都要选择当地三家企业进行全部职能的对标，包括各项业务能力、组织架构、激励机制等，这样就可以全面了解竞争对手的整体竞争策略、组织方式、业务能力，而不只是在一些战术层面做单点对标。这项工作本身需要很高的逻辑和系统思维能力才能做好。有家地区公司的成本部门在对标其他竞争对手时，从数据上看似乎龙湖的成本能力最强，但是讨论中我发现对标的口径选择有问题，可能是成本部门的同事潜意识里希望证明本企业是有竞争力的。我直接指出这个问题，期望大家在竞争力问题上不回避，发现自己技不如人并不丢人，丢人的是不愿意承认问题，只有认识到问题才能加以解决。

重能力。战略共谋的终极成果，是一线团队有能力制定战略、形成共识、坚定信念、极致执行。因此，我们没有让地区公司管理团队到集团总部汇报工作，而是CEO和我一起出差到各个地区公司，实地讨论，并让更多中层参加到会议中。在讨论中会根据对团队的理解，动态调整讨论内容以使团队聚焦在最需要解决的问题上。

在和一家地区公司的讨论中，我们发现这个团队的思考很完整，结论也很清晰，但由于过去一段时间里他们出现了不少运营方面的漏洞，所以我们很快把讨论重点从战略制定转到了运营能力上。这家地区公司的老总性格比较温和，没有其他一些地区公司的一把手那么强势，同时愿意接受更多的团队讨论，只是团队运营问题较多。我们讨论的结果，是请他们建立一套更依靠数据和机制来管理运营的方法，与"温和"的领导风格形成互补。有趣的是，两年后，这家地区公司的体系化管理成为他人学习的范本，在团队日常经营上一把手基本不需要花太多精力，从而可以把时间放在更重要的问题上。

有耐心。改变团队的思维和工作方式，无法做到立竿见影，我的经验是一般需要三年时间。第一年，大家并不相信，但有少数人愿意尝试，其他人也许是在组织压力下被动选择；第二年，尝试的人得到了甜头，其他人也更愿意真正投入；第三年，大家真正相信新的工作方法，并能在原来的基础上有自己的创新，这时新思维才算是扎下了根并有了自己的进化动能。在龙湖的战略共谋工作开始两年后，一位参加最早试点的地区公司总经理告诉我，当时他其实觉得这个工作很虚、没价值，但毕竟是集团要做的工作，所以他也不好意思不配合，但越做越发现其中的价值。

战略共谋是一项基石工作，能把业务和管理上各种分散的议题整合起来思考，形成策略。有些规模非常大的房地产公司，也有市场和客户研究体系，但是由于在区域公司和集团缺乏更高一层的整合策略，无法交圈穿透，在实践中会出现投资缺乏策略性和前瞻性、职能条线和项目之间彼此割裂等问题。更重要的是很难在规模和差异化之间做到平衡，这些公司也许已经认识到行业竞争最终要拼差异化能力，但为了实现规模目标，只能通过高度标准化的策略，为短期业绩而牺牲长期战略选择的自由度，这样只会越走越累。

第 6 章

协作解决问题

大型组织为什么有存在的价值？就是因为我们需要解决的问题规模越来越大、复杂度越来越高、专业性越来越强，必须需要更多、更强、更专业的人一同来解决问题。这里的"问题"不是意外事件，而是一个广义的概念，可以指任何需要投入一定思考和行动的情景，比如，如何营销某种产品？如何在利润率和客户满意度之间做出平衡？如何开好一次年会？等等。传统组织和敏捷组织，实际上是基于两种不同理论设计出来的协作方式。

协作的两种逻辑

传统组织的协作方式是"命令—执行—检查"模式，可以称之为科层制或者官僚体系。"官僚"这个词本身没有任何负面的含义，只是一种大型组织的管理方式，强调角色权威。在这种模式下，高层领导者制定战略或战术方案，然后把工作分解并将其与下属的专长和特点进行匹配，再给每个下属发出各自的执行命令；每位下属分别执行任务，大家都完成各自工作后，组织就会实现自己的目标；在工作期间，上级会检查工作的进展和质量，以确保工作正常进行。在组织规模扩大后，会围绕专业属性建立部门、科室等小型组织，并通过流程设计、权力分配、激励机制等方式在小组织中进行分工和合作。

这种模式对于高确定性的工作很有效，实际上，传统的项目管理方法、软件开发方法论就是基于这个逻辑。科层制模式的高效运作需要满足几个基本假设：

1. 上级领导者具有足够的信息和能力来制定最佳策略；

2. 工作子项目之间的界线划分和因果关系足够清晰，执行时不需要深度互动，这样就可以使工作在分解后得到快速执行；

3. 外部环境的确定性高，不需要经常对整体计划进行调整。

但是，因为组织高层在现实中面临很多问题，这三条假设在 VUCA 环境中都很难成立。在 VUCA 环境中，高层即使在决策的时候能够及时获得信息，但由于多变量之间的复杂关系会提高决策难度，加之外部环境的快速变化都会让最优决策很快变得不再最优。此外，科层制组织内部容易产生信息孤岛，上级得到的往往是经过多层过滤和加工后的信息，而组织内的政治博弈会影响决策过程，降低决策质量。在决策质量低时，只有在执行时不断根据新的外部环境进行信息优化，才能及时解决现实问题。但是，科层制体系内的人在长期"命令—执行—检查"的循环中，习惯了向上级负责而逐渐减弱了与他人共同解决问题的意愿和能力。

而敏捷组织的协作模式，是**各个团队使用一致的企业级工作方法，识别目标、制定策略并强化专业与协作，以结果为导向动态解决问题，创造性地执行并实现最终目标。**

这种协作模式把目标锁定和策略制定的责任更多交给一线团队，他们知道策略背后的逻辑，因而面对外部环境变化时可以用更好的方法来处理并优化策略。这种方法可以是在接受外部VUCA环境的现实后，以更快的反应速度和更好的工作方法来积极应对，做出各项又快又好的决策并执行下去。同时，领导者要从"英明老大"的角色转变为球队中"队长+教练"的角色，他们虽然对团队构成、策略、资源有最终决定权，对结果承担最终责任，但在带领团队解决问题的过程中也要扮演起教练的角色，让团队成员在实现目标的过程中得到成长。

以结果为导向解决问题，是敏捷组织的基础能力。"结果导向"经常被片面地解读成根据业绩进行奖罚，但这个词其实有两个层面的意思。一是以终为始定策略。先要对未来有想象有愿景，定下未来要实现的目标，实事求是地审视当前的状况，然后通过一定的方法做出从当下到未来的路径图。二是使命必达。根据之前的路径和计划去执行，但在这个过程中一定会出现想不到的新问题，这个时候就要凭着对目标的渴望，拼体力、脑力、心力，解决路上的各个问题。当然，如果在这个过程中根据新的信息发现之前的路径有问题或者原来的目标定低了，就要实事求是地进行调整。

这种结果导向的思考和行动方式在组织中具有极大的价值，它直接促成了我在龙湖提出并落实的一套协作解决问题的工作方法。"工作站"

模式，是敏捷组织动态协作解决问题的核心方法论。

动态协作的工作站模式

很多企业在成长过程中往往都会碰到一个问题，就是审批流程太长太慢。企业规模小的时候并不需要各种复杂流程，但是规模大了就需要一些审批流程来确保每个角色在协作过程中的作用。对于一些复杂问题，也许前面几个审批人同意但到后面被退回到发起人，又需要重新走流程。比如某个房地产项目的产品设计，如果产品配置超过预定金额标准，就可能需要得到公司副总裁的审批，但是这个判断会涉及客户偏好、销售策略、财务回报、供应商交付能力等多方面的考虑，而不是简单地批准或不批准。

在龙湖的一次高管例会上讨论如何解决这个问题时，我们很快达成一个共识，那就是审批流程是一个相对线性的过程，它的价值主要是保留审批的历史记录（留痕），但是要解决复杂问题，不应该通过在流程管理系统中留言来讨论，而应该在线下实时互动、充分讨论。

在理念上达成共识后，有一些企业的做法也许是给全员发通知告诉大家**应该怎么做**，但是如果这个问题没有得到改善，管理层只能抱怨员工执行力不够。其实，这是一种缺乏结果导向的做法。管理者必须能让达成共识的理念通过某种工作方法贯彻到组织中，而不是说说了事或彼此甩锅。

那我们当时是怎么做的？

首先是把这种线下实时互动讨论的工作方法概念化，赋予它一个大家容易记住的名字。我借鉴了汽车行业的一种制造方式给它起名。汽车行业中有两种不同的生产模式，一种是流水线方式，每辆汽车在流水线上移动，处于不同位置的工人或机器人负责各自的专业工作；另一种叫作生产单元（workcell），是由一组不同专业的工人环绕一辆汽车进行工作，由于工人彼此之间可以实时直接交流，因此更易于降低错误、更柔性，是精益制造理念的一种实践。我们当时讨论的审批流程与线下协作的关系，和流水线与生产单元方式之间的关系近似。结合房地产业务问题的特点，我们把第二种工作方式称为"工作站"。

工作站的定义是：**针对特定目标建立的跨职能跨层级团队、实现无时滞信息流转共谋的工作模式**。其特征是淡化组织内的层级观念，更关注客户需求和问题，而不是上级喜好；规避部门墙，积极协同解决问题，实现高度专业和深度交圈；快速沟通，提高决策效率；能随着任务要求的变化快速迭代（见图6-1）。

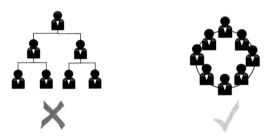

图6-1　工作站模式：轻层级，重协作

其次，有名字还不够，要有内容。大企业最不缺的就是各种概念，而真正的挑战是把这个概念所代表的工作方法嵌入到各种业务场景中。我在管理层讨论中提出，我们需要体系性的方式让工作站真正落地，按照当时谁提议谁负责的习惯，我也就承担起了这个责任。

落地的第一步是建立一套方法。从"事"和"人"两条主线入手，我们设计了一套工作站模式方法论（见图 6-2）。它基于麦肯锡解决问题和团队管理的方法论，并结合了龙湖当时已有的一些管理工具。这些方法和工具其实都很常见，关键是要在组织内形成一套能产出业务结果，同时让组织形成共同语言的完整实践体系。

图 6-2　工作站模式方法论

有了体系化的工作方法后，我们针对当时业务和管理上的一些复杂问题开始试点。比如，在进行土地投资的时候，需要对未来项目的销售价格和速度进行预判，才能在拍卖中给出自己的出价。而这种预判必须基于对客户、竞争对手、自身能力等多方面的考虑，为项目做一个定位，选择做哪些客户的生意、用什么样的产品、卖什么样的价格。当时有个项目的土地获取成本较高而市场情况变差，如果按原来方案做的话会赔钱。针对这个项目的重新定位，集团客户研究部门牵头组建了一个跨职能、跨地区公司的工作站，按照工作站方法论，通过提出新思路、搜集数据进行测试、共同讨论决策的方式，使一个看起来会赔钱的项目通过重新定位达到了盈利目标，同时更好地满足了客户需求。在试点过程中，方法论进一步得到完善。

这个项目完成之后，我们通过企业内部学习分享的方式，在更大范围推广了工作站模式，同时在各种场合不断提醒大家用工作站模式解决问题，而不是靠经验或拍脑袋。在第 5 章介绍的战略共谋中，地区公司在具体工作中也建立了多个工作站来分头解决不同的战略问题。有的地区公司把一些持续运行的工作站演变成为跨职能虚拟团队，比如投资虚拟团队、工程质量虚拟团队、产品虚拟团队等。

工作站模式所倡导的跨边界协同解决问题的工作方式，其实是敏捷组织最核心、难度最高的部分。起初我并没有意识到这一点，只是想着要把一件看起来对的事真正落地，几年后当我从敏捷组织的角度去复盘时才逐渐意识到工作站模式所扮演的核心角色。

从方法论层面看，当初我们所借鉴的汽车行业生产单元制造模式，是基于精益生产理念的做法。精益（lean）是一组指导原则，其目的是在速度、质量和客户需求之间达到更好的平衡，核心是不停地、无情地消灭任何不增加价值的工作，比如无用的制造流程、管理流程、产品功能、会议方式等。精益理念非常强调系统，认为团队应该是一个整体，解决问题需要从更高层的系统角度去思考。精益同时强调对个体的尊重，认为正在做一件事的人是最合适的人，他们需要的是必要的支持而不是具体的指令。字节跳动公司在管理中所强调的"context，not control"（提供背景，而不是控制），也与这一精益理念相符。

这些精益理念其实与敏捷一脉相承，实际上最初的软件敏捷开发方法就是脱胎于丰田生产系统的精益理念，在底层有很强的一致性。如果回到当初讨论的流程太长的问题上，假如有人提出"精益管理能否解决这个问题"，我们可能就会从精益管理的视角来着手，进而形成一套不同的话语体系。实际上，我曾经考虑过是否可以用六西格玛方法来提高管理效能，但这套体系主要是解决标准化的制造和服务过程的流程稳定性问题，而房地产生产是非连续、非标准化的制造过程，龙湖走的又是差异化战略，与六西格玛方法的匹配度不高。

在提出、设计、推广使用工作站模式的过程中，有一条贯穿始终的主线，即解决问题需要有"四层面"思维，才能产生足够高的管理杠杆。

- 第一层面是**解决眼前问题**，例如在审批流程太长的问题上，可以通过合并审批节点、超时不审批视为自动同意等方式来解决，但会牺牲决策质量。

- 第二层面是**解决结构问题**，通过迭代体系甚至重构体系，让这类问题在未来不出现或少出现，例如，通过线下讨论达成共识后再通过审批流程实现过程留痕。

- 第三层面是**解决能力建设问题**，让组织在做一件事的时候必须能同时强化那些长期有价值的工作方法和能力，例如通过工作站模式让组织有一种协同解决问题的方法并锻炼大家解决问题的能力。

- 第四层面是**解决价值观问题**，在上述三层面问题的解决过程中一定会有一些艰难的决定，必须要上升到价值观才能做出判断。这就需要通过在真实场景中不断磨炼，最终把价值观融入大家的习惯之中，成为组织共同的行为准则和决策依据。比如，通过工作站模式解决问题让每个人更加开放学习、结果导向、平等讨论。

组织能力建设，其实就是坚持把四层面思维持续、有纪律地应用在不同的问题上，而不是寄希望于用各种课程和培训来提高大家的知识。这才是真正意义上的行动学习。

跨专业职能协作

在工作站模式中，围绕特定问题动态建立项目团队，团队成员来自不同的专业职能条线或不同的业务层级和单位，这种多样性会带来不同背景的专业知识和业务信息，让解决方案更优，后期执行效果更好。在这种项目型的场景中，由于大家直接面对具体问题，能多视角、近距离地观察和交流，协作起来更容易。而集团（或全公司）层面各种专业条线之间的协作，需要对企业的现在和未来有全面的理解，需要更多抽象思维能力、理论能力和战略能力，难度要高不少。那么，我们应该怎么思考专业条线间的协作，做到交圈穿透？

跨专业职能的协作方法与企业组织架构的选择相关。企业的组织架构是最显性、最容易在一张纸上画出来的组织元素。比如，到底应该是职能主导还是业务（区域、产品或项目）主导，还是采用职能和业务同时管理的矩阵式架构？在矩阵式架构中，到底是应该采用强职能或强业务，还是不同发展阶段有不同的模式？但是，当以"企业即算法、管理即决策"的视角去看一家企业时，我们更应该关注一家企业如何制定并执行决策，而组织架构只是影响决策与执行的因素之一。

很多企业在规模大了以后，发现要管理的事情越来越多，会采用事业部制，这似乎是最容易的解决方案。通过把大组织分解为五脏俱全的小组织来降低管理幅度和复杂度，让事业部团队在其业务范围内更具主动性和自由度。这样的组织，在最顶层像是一家控股或投资公司，采用财务管控或战略管控的模式，不会深度介入下属事业部的运营，但会根据不同事业部的现状和未来预期进行战略管控，并进行相应的财务和人力资源分配。

这个思路在实践过程中也产生了一些经典的管理框架，如波士顿咨询公司的波士顿矩阵，就是根据每个事业部业务的市场份额和增长率，把业务分为四种类型，即明星类（高增长、高份额）、问题类（高增长、低份额）、现金牛类（低增长、高份额）、瘦狗类（低增长、低份额），然后有针对性地分配资源。

苹果公司则走了一条不一样的路。《哈佛商业评论》2020年刊登的一篇题为"How Apple is Organized for Innovation"[20]的文章指出，在1997年乔布斯回归苹果公司之前，苹果公司和其他同等规模的公司一样，采用事业部制，根据不同产品线划分部门，每个部门自负盈亏。乔布斯认为，这样的管理模式无法支撑创新，他在重新掌舵苹果公司后把各个产品线下的职能部门，合并为一个个按照专业划分的团队，而整个苹果公司只有一张损益表，CEO是唯一负责财务结果的人。从1998年至今，苹果公司一直采用职能主导架构。它的基本假设是顶级专业团队在平衡产品价值和成本方面，会比侧重管理的总经理们更能创造出顶级的产品。

以这种方式管理将近14万人，是巨大的挑战。如果深入了解的话就会发现，苹果公司内部采用的工作理念类似工作站模式，即围绕一个产品（如某个iPhone产品），不同专业的人在一起共同解决问题。这就要求高管具有三个能力：深厚的专业知识、对细节的专注、协作式讨论，同时要有超越专业、站在苹果公司整体的视角和立场。

龙湖也经历了专业条线从松散协作到紧密协作的过程。我在2012年加入龙湖时，公司采用矩阵式架构，矩阵的每个节点需要面对两个不同的上级，一个是专业线上级、另一个是业务线上级。这两个上级往往（而且应该）对节点上的员工有不同的要求，一个代表专业标准而另一个代表项目成果。员工应该能把两方面的要求作为输入，在上级的支持下，创造性地解决问题，找到能同时满足两方面要求的最优方案。

矩阵式架构在中国的实践难度很大，主要因为在科层制组织和文化氛围中成长起来的员工，习惯了执行上级命令，缺乏自主解决复杂问题的意愿和能力，在矩阵式组织里就会手足无措，不知道到底应该听谁的。如果上级本身也没有矩阵式组织的工作经验，专业线和业务线之间也不会进行太多讨论，只是把压力传导给节点上的员工。因此，矩阵式架构流畅运行的重要前提，是组织要有协同解决问题的意愿和能力。

龙湖当时的文化可以很好地支持协作意愿，但在方法上还有不少欠缺。有时会看到大家非常激烈地讨论很长时间，知无不言言无不尽，但难以形成高质量的结论，原因是大家没有好的协同解决复杂问题的工作方法，很难把输入信息处理后形成更深一层的结论。

我第一次参加全公司中高层半年会时发现，会前大家并没有一起讨论交圈，而是各自直接在大会上总结过去、展望未来，导致台下的听众接收到的信息很零散。从积极的一面看，这种状态也揭示出专业职能负责人有足够大的思考自由度和磨合宽容度，可以支持更多的创新想法。但是从创新想法到系统做法再到业务结果，需要更多跨专业职能、面向未来的战略层面协作，才能逐渐建立起未来能力。

在后来的年会前和半年会前，我开始请大家提前把各个专业职能的工作报告一起拉通讨论，在这个过程中就会产生不同专业策略的碰撞和磨合。这个方法逐渐迭代成为职能战略研讨会。各个专业负责人围绕集团粗线条的战略方向和策略，先各自思考并迭代职能战略和执行方案，同时提出相应的组织调整思路，包括组织架构、流程、人才发展、文化和权责方面的调整，这期间也会与其他专业进行跨职能研讨。在这个过程中，我和集团战略部的同事会提供方法论支持，参加讨论、提出挑战、帮助梳理。之后，在为期 2～3 天的集团高管闭门研讨会上，每个专业职能负责人分享思路后，其他人提出意见和建议，对一些新想法或模糊的地方，大家会展开更深入讨论甚至辩论。这样一轮下来，每个人既了解了其他人打算要做的事情，又能对自己的思路进行调整，互相主动对齐。

这种工作方式的目的，与 IBM 的业务领先模型（business leadership model，BLM）、麦肯锡的 7S 框架一样，都是解决战略和组织问题的方法。但不同的是，它深潜到战略和组织问题的更底层，强调基于科学思维的协同工作方法，同时提高战略与组织的思考和行动质量，让战略更加知行合一，而不仅是走完一个战略规划和组织匹配的流程。恰好几年前龙湖人力资源部门曾介绍过一个称为"V 模型"的思考框架，为了降低组织沟通成本，我们沿用了这个名字，来描述这套打通职能战略及组织的工作方法，但是对内容做了大量修改和丰富，使之能够真正运转起来，是"旧瓶装新酒"。在促成企业改变时，最怕的是"新瓶装旧酒"，大家在概念上都很自信但没有实质上的改变，而"旧瓶装新酒"，反而容易把新事物以低成本方式植入到原有体系中，让改变静静地发生。

查理·芒格在投资中强调跨学科思维方式的观点，对于组织内专业分工和协作也同样适用。专业是人为创造出的概念，是因为人类知识体系日渐庞大，必须通过细分学科和专业才能让工作有足够的深度。但是，世界上任何一个现象或一件事，永远是整体的、跨专业的，因此，必须跨学科、多视角地观察、思考和行动。当用户购买一家企业的产品时，得到的是整体的产品，用户并不会说"买半斤产品设计、半斤销售、三两人力资源，再加二两财务"。因此，组织分工的目的是更专业地协作，通过专业分工实现精深，通过协作最终创造价值。

在大型组织中，每个专业职能都有自己的一套方法论，有些来自外部通用的做法和标准，比如财务体系的外部规则和标准就非常清晰；有些是企业发展过程中结合外部做法形成的自己的一套方法，比如采购、营销、产品设计等，并没有太多外部统一标准，需要更多的内部再创造。当每个专业都有了自己的一套方法和语言体系时，跨专业解决问题就变得更具挑战性，需要一种超越专业的通用方法论和语言体系来作为基础。否则就会出现查理·芒格极其反对的"锤子思维"，即把自己的专业能力当成一把锤子时，就会把看到的任何问题都当成钉子。

工作站模式的方法论，就是一种超越专业属性的通用方法论。其实，很多优秀企业都有自己的通用方法论，比如，丰田公司有丰田制造系统（Toyota production system，TPS），多元化工业企业丹纳赫有丹纳赫商业系统（Danaher business system，DBS），麦肯锡有解决问题七步法，等等。更多的优秀企业虽然没有特别命名的方法论，但通过长期实践建立起跨职能协作的方法，如苹果公司。所有这些方法论都是基于科学思维和科学方法建立的，实际上人类只有掌握科学方法后才能构建起宏大的知识体系并用它来改造世界。我们会在第 7 章详细讨论科学思维。

解决跨专业职能协作问题需要考虑组织架构、工作方法、激励机制等各个方面，需要与企业算法密切关联。如果脱离企业战略、协作方法、业务场景，就组织谈组织，容易与现实脱节，造成经常解决了一个问题但带来了更多或者更长期问题的负面效应。

我们以管理顾问拉姆·查兰（Ram Charan）等人在《识人用人》[21]一书中提倡的 G3 模式为例。G3 是指由首席执行官（CEO）、首席财务官（CFO）和首席人力资源官（CHRO）组成一个紧密的三人小组，通过平时高频互动和季度讨论，更好地做出战略和运营决策。G3 模式试图解决两个问题，一是如何做好资源分配，因为人和钱都是核心资源；二是太多人大范围讨论时，不容易开诚布公地探讨核心问题。这两个问题都很常见，但要制定相应的解决方案并不容易。

第一个问题的解决方案，要根据行业、市场和战略逻辑来定。在稳定市场的成熟企业中，产品、业务模式、营销等业务方面变化不多，资源分配就变成了更重要的问题。对于大规模控股集团来说，比如曾经的通用电气，各业务板块自身力争成为行业第一或第二，资源分配就是控股集团总部最重要的问题。但是，在快速变化的市场环境中，产品、业务模式、营销、运营等需要快速迭代，那么 G3 这种强调资源分配而忽视过程能力、重管理而轻业务的模式，就不是好办法。很难想象，如果华为、小米、苹果、特斯拉这些企业采用这种管理模式，还能够做出它们现在取得的成就。因此，G3 模式的适用性需要有明确的边界。

第二个问题的解决方案，要考虑组织策略的选择。假如组织最顶层 10～15 人的高管团队无法开放、透明、真诚地讨论问题，那么真正需要做的，不是建立一个更小范围的讨论圈，而是创造一种开诚布公地讨论问题的环境和方法。G3 模式的二阶效应，反而会让原来的问题更加恶化，让其他高管更确认这是一个没有开放讨论环境的企业，会逐渐削弱他们的协作意愿。另外，由于缺乏多元信息输入，G3 模式的决策很容易产生视野狭窄的隧道效应，脱离现实。更好的解决方案，就是直面企业文化问题，在整个组织内打造一种愿意和善于讨论问题、协同解决问题的氛围。G3 模式会强化传统科层制管理模式的逻辑，是"强执行"思维的一种延伸，与敏捷组织不匹配。

大组织中的协作陷阱

协作是为了更好、更快地解决问题，而不是为了协作而协作。在敏捷或精益的管理理念中，非常重要的一点是持续减少浪费，需要对"不要做什么"非常敏感。不管是在战略问题上，还是在战术问题上，只要不断明确不要做什么，就能培养出高度的战略和战术纪律性，不断逼近目标。查理·芒格说的"如果我知道我会死在哪里，我将永远不会去那个地方"，马云注重研究企业失败的案例，都体现了这个道理。与此相似，大组织内部的协作也有各种各样的陷阱，无法穷尽。下面介绍四种情况，如果能够尽量避免，就能少走很多无意义的弯路、少些浪费，业务结果自然就会好起来。我们一旦养成对这几种浪费的敏感习惯，对其他种类的浪费自然也会多留意起来。

被概念所困

概念能力是人类应对复杂性的一种独特能力，可以对各种现象的本质进行归纳和概括，帮助我们理解并解决大量个体问题。各种理论和模型都要建立在概念的基础上，描绘它们之间的关系，比如牛顿力学、生物进化理论、各种管理理论等。概念让人与人之间的沟通更有效率。人类的另一个特有能力是讲故事。记忆细节非常费脑力，而故事能帮我们记住关键细节。概念和故事，可以大大降低大脑需要处理的信息量，降低生物能耗，是进化带给我们的一种生存技能。

大组织中的高管需要解决的全局性问题，其复杂程度要高于很多一线具体问题，因此这些高管必须具有很强的概念能力，才能找出现象背后的本质和解决问题的方案。但是，这些方案必须再次经由一线团队针对实际、具体问题进行实践，才能真正见效。把解决方案从高层落实到基层时，通过讲故事的方式更容易让大家理解，非常有效（见图 6-3）。

概念和故事是把双刃剑，用好的话可以让组织高效实现目标，用不好的话，轻则浪费时间和成本，重则贻误战机、失去人心。这就像财务杠杆，赚钱的时候放大回报、赔钱的时候放大损失。

首先，需要有正确的"发心"，要成就组织而不是成就个人。比如，大组织中可能会有高管（特别是新高管）为了在一把手面前证明自己，有意无意会照搬其他企业使用过的一套打法，或者引入当下流行的管理

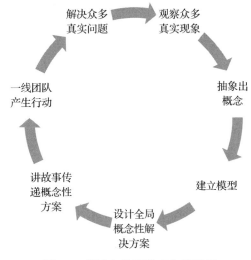

图 6-3　概念与故事的产生和应用

概念，但是对背后各种假设和关键点并没有深入的理解。凭着会讲故事可以说服决策者，但是因为并不理解组织面对的真实情况，会在实践中出现很多问题，最后也许恢复原来的做法，造成决策"拉抽屉"的情况。这种情况就是"发心"不正，不是为了真正解决问题。从企业长期的视角来看，只有"诚心正意"，才能打造出好企业。

其次，要对概念有深入的理解。比如，有的企业想要建设学习型组织，所以成立企业大学。其实，学习型组织强调的是在工作场景中的学习，让学习融入工作，设立企业大学容易让员工认为学习需要特定的场所和课程，反而弱化实践中学习、学习中实践的道理，与当初建设学习型组织的初衷南辕北辙。

再次，概念不能过度抽象。过度抽象的概念无法解决问题，还会造成用概念解释概念但就是不接地气的情况。概念每抽象一层，就会失去更多具体细节，所以过分抽象的概念容易传播但很难应用。如第 4 章所述，在细颗粒度上寻找机会来实现超越平均，也是为了避免过度概念化的一种分析方法。

最后，过度借助类比来理解概念，容易得出错误的认识。比如，一种称为 PDP（professional dynametric programs）的性格测试模型，用来衡量个人的行为特质、活力、动能、压力、精力及能量变动情况。它将人群分为五种类型：支配型、外向型、耐心型、精确型、整合型；为了让这五种类型更容易理解，把个性特质形象化为老虎、孔雀、考拉、猫头鹰、变色龙。这种形象化的本意是让个人和团队能更好地理解自己和他人，主动调整协作界面，从而提高团队协同能力。但是，因为用了动物做类比，在实际使用中会有不少人用"我是老虎""我是猫头鹰"这样的说法，反而更会让人固守在自己的角色中，而不是选择主动改变，与同事更好地磨合。在企业大学的例子中，由于使用"大学"两个字，也容易与传统大学产生类比，引入偏重理论的课程，反而难以做到更有战斗力的"训战结合"模式。

因此，对于组织内外各种概念，我们应该保持好奇的探究，既理解它的价值，也要小心概念的陷阱，只有穿透到概念之下几层，才不会在一些空洞无用的概念上浪费时间。就像买理财产品，卖产品的人一定会提个好概念、讲个好故事，但是除非我们穿透到其底层资产并理解其投资逻辑，否则只凭概念买理财产品就是对财富的不负责。

解决假问题

如果要解决的问题本身不真实或不重要，直接成本是浪费资源和时间，而间接后果是组织形成容忍低效的习惯。因此，在敏捷组织中，要对解决真实问题有执念，不断寻找更深层次、具有更高管理杠杆的关键问题。

陷入假问题陷阱，一种情况是团队的系统思考能力不足，对问题的分析深度不够，导致认识表面化或局限性。其中典型的情况是希望通过解决意愿问题来代替解决能力问题。比如，当企业规模增大时，会导致内部管理复杂度快速提高。为了解决这个问题，有的企业希望通过内部市场化，让企业内不同单位之间形成内部甲乙方的关系。在实际运行中，需要不断地协调内部定价、付款，同时甲乙双方往往会彼此抱怨对方。其实，企业存在的作用就是为了解决市场化环境下缺乏信任导致的高交易成本，因此内部市场化本身就是一个悖论。真正要解决的问题往往是组织设计，特别是信息、信任、决策和激励机制等，而不是如何做好内部市场化。

陷入假问题陷阱的另一种情况，是被自己的"职责范围"限制。虽然对问题有整体理解，但是若要真正解决问题，则需要与其他部门一起协作。要杜绝的想法是，在自己无法影响他人时，只好选择做些在职责范围内能做的事情，虽然解决不了根本问题，但是至少尽力了。正如第4章讲到，客户研究的职责可以放在营销或产品设计职能中，但如果无法实现跨职能协作，只是在本专业范围内影响决策的话，客户研究的价值就会大幅缩水。

解决假问题还有一种情景，就是负责人自己就是问题的一部分，而解决真问题会损害自己的利益。比如，当上级领导做决策而其他人执行的时候，即使执行的人心存疑虑或根本不相信这是个好决策，能够冒险提出问题的人并不多，而常见的是选择听从上级的决定，即便这意味着要去解决错误的问题。一种典型的情况就是"奉旨创业"，即企业任命一位员工去开创新业务，但母公司的老板会经常给出这样或那样的"建议"。即使是不正确的建议，奉旨创业的员工大多会选择听老板的话，那样至少可以在岗位上多生存一段时间，否则可能很快就被换掉了。如果这个人的薪酬远高于市场值，被老板换掉的短期损失会很大，这个问题就会更加严重。

假装解决问题

即使要解决的问题是真实而高价值的，但是在解决问题的时候，还会出现另一种对组织资源的浪费，即假装解决问题。

假装解决问题这种现象的一个来源，是使用不合适的工作方法，或者虽然使用了合适的工作方法但缺乏驾驭能力。比如，一家企业希望通过精益的方法来提升管理水平，几年下来后效果很一般。为什么呢？因为大家对精益的理解大多局限在字面上，没有真正掌握精益方法论，每次汇报基本上也是走个过场，缺乏深入讨论。这样的工作方法，既缺乏"一定要解决这个问题"的决心，也缺乏解决问题的能力，自然不能让精益起到应有的作用。

这种情况会给组织带来三重成本。首先是各种时间和精力的浪费，其次是丧失了解决问题的危机感，而最重要的是组织慢慢养成了可以容忍假装的习惯，干其他事情的时候也会演戏。坏习惯带来的成本，会随时间呈指数级增加。

源自通用电气的群策群力工作方法，也会经常使用不当。它类似一个业务决策流程，由一群来自不同部门或层级的员工，或者是基层经理，在群策群力大会上就某个具体问题展开分析探讨，形成建议后呈现给有决策权的领导，经过更大范围内的讨论、对话后，领导现场拍板，批准后执行。这种工作方式其实只适用于简单问题，通过建立一个让大家能坦诚沟通的环境来暴露问题，而这也是杰克·韦尔奇（Jack Welch）最早设计群策群力方法的初衷。对于长期存在、复杂度高、涉及很多权衡的问题，群策群力中提出的建议往往是局部解决方案，无法直接应用。但是，如果把它看成一种结构化的头脑风暴，把输出作为系统性解决问题方法论的输入，就会有不错的效果。否则容易场面热闹，实效不足。实际上，有很多研究指出，头脑风暴并不能提高团队的创造力，反而会妨碍创造性思维，误把灵光一现的想法当成有价值的创造。[22]

在场面热闹、实效不足这类陷阱中，也要小心各种各样的工作坊。工作坊是培训的一种形式，其核心理念是通过用新方法解决实际问题，让大家在实践中学习。在现实中让大家头疼的管理问题，往往需要理解各方面的深层关系，不做深入分析和权衡很难做出恰当的取舍。但是，工作坊往往由于时间有限，无法在短时间内得出这类值得推敲的结论。常常是开始的时候很有章法和条理，大家的参与度很高，而随着讨论的深入、问题复杂度不断上升后，讲师在短时间内无法得出高质量的方案，只能草草收场。因此，如果想要真正地解决问题，就要实事求是地面对问题，可能要花多次讨论和研究才能达到目的。否则，大家在这类工作坊中真正学习到的，就是如何像模像样地参加一场工作坊的表演能力。

不讲为什么

在外部环境确定性高、具体目标明确且合理的情况下，通过强执行就可以实现目标，这时候团队有"执行力"就够了。但是，当外部环境模糊多变时，具体目标本身也许需要在执行时进行适当调整，才能实现更高层面的目标。在组织里，不同层级、不同单元团队的目标与任务之间彼此关联，如果外部变化速度很快，就需要上下级之间根据变化，对原来的策略和任务进行适度调整，而不能不顾现实情况，一味通过强执行来试图实现原来的目标。所以说团队的执行力就是上级的领导力。

要想实现这种良性的双向互动，做到创造性执行，在大组织中需要多讲"为什么"，即提出工作要求的人要解释为什么做这件事，执行工作的人要理解为什么，不理解的时候就要问。这种讨论，在同一团队内部员工之间相对容易进行，而在上下级之间要难。在官僚氛围比较重的组织中，员工之间往往会有这样的对话，问"为什么要做这个"，答"我也不知道，老板是这么说的"。有些大组织尝试通过 OKR（objectives and key results），即目标与关键结果工作方法，建立起工作之间的逻辑，并且让大家都能看到。

这种目标和方法之间的割裂并非只在企业中才有，马斯克在一次关于教育的对话中提到，学生们在各种学校里学了很多方法和工具，但是很少讨论为什么要学习这些内容，学生们不清楚掌握了这些方法和工具到底可以解决什么现实世界中的问题。面对从教育到实践中普遍存在的这个问题，如果企业能够有意识地识别并解决，就能带来更好的协作效果、更强的竞争力。

多问为什么，除了能在目标和方法之间建立起更强的逻辑之外，还能调动人的情感，让工作结果更好。英国管理作家西蒙·斯涅克（Simon Sinek）在 2009 年提出了黄金圈法则[23]（见图 6-4），他发现伟大的领导者是从"为什么"开始，再到"如何做"和"做什么"，而不是从"做什么"开始。人在做决策时，比如购买一件产品或加入一家公司，会因为了解到别人为什么要这么做而被打动，让他们感觉到自己被激励。

图 6-4　黄金圈法则

当我们不只讨论要做什么，也去讨论为什么要这么做的时候，执行者就能更好地理解这项工作的意图，结合自己的经验和知识提出不同的工作方法，做到成本更低、质量更高、速度更快。同时，当外部环境发生变化时，执行者可以根据意图而不是机械地任务安排来调整自己的工作。

在对协同作战的质量要求极高、成败事关重大的军事领域，对作战模式做了调整，从命令—执行演进到了更灵活的"指挥官意图"方法。以美军为例，在传统的作战计划方式下，美国陆军的每项行动都要有庞杂繁复的计划过程，之后在陆军组织中层层下达指令。这些计划非常详细，如各单位执行何种动作、使用何种装备、军需品如何补给等。美国陆军在规划阶段投入了大量精力，多年来计划流程也不断精益求精。但是，这种方式的问题是在实战中一旦遇到意想不到的事情，如关键资源被毁、天气剧变、敌人有援军等，计划便不再成立。

为解决这个问题，美国陆军在20世纪80年代提出了一个名为"指挥官意图"（commander's intent，CI）的概念。每个任务书的最开始是"指挥官意图"，简要而清晰地说明目标和关键内容，描述该项任务所期望达成的最终结果。指挥官意图是任务团队形成自己作战计划的基础，是目标和执行之间的连接。指挥官意图和任务，要让组织向下两层的人充分理解，如团长布置的任务及其意图，营长、连长必须都要清楚。指挥官意图不限定完成任务的具体方式和过程，只明确目标和原因，而不具体规定"怎么做"，能让任务团队的一线指挥官根据实际情况灵活调整执行战术。比如，指挥官意图是在第二天10:30占领一个山头，以控制敌人运输物资的路线。在实际执行时，具体的战术计划可能需要调整，比如本来计划从南边上山，结果由于晚上大雨导致泥石流造成南边无法通行，这时就需要现场调整战术。

第 7 章

激发协作意愿

协作本来就是人类的天性。人类是靠着协作才站到了食物链的顶端,如果靠单打独斗,人类在很多凶猛野兽面前都没有胜算。但是,人类特有的能力是规划和语言能力。靠规划能力,人类可以设计出与猛兽斗争的策略,通过语言能力在不同人之间沟通并优化策略,通过团队配合作战,可以战胜单人战胜不了的猛兽。

然而,在现实中具有优秀协作能力的大组织是少数,在大多数组织中,协作是大家都会抱怨的一个痛点。在缺乏协作的环境中,官僚主义就有了生根发芽的机会,形式主义就应运而生,上有政策下有对策,反过来又进一步强化官僚主义,形成恶性循环。

协作能力强的企业,更像一支想要夺取冠军的球队、一支有使命感的军队。为了共同的胜利,能以成长型思维看待挫折和失败,以科学思维为基础进行思考和交流,根植真实、透明、平等和信任的文化底色,既看结果，也看过程，并由高层做出表率来营造组织的协作氛围。

共同的企业假设

敏捷组织是一种什么样的组织？像一个封闭的王朝，像一支优秀的球队，还是像有使命感的部队？

中国几千年皇权统治的历史依然影响着现在的组织，上到老板下到基层员工，容易拿企业与王朝类比，把帝王治国逻辑代入到企业管理中。比如，把总部职能一把手称为"相"，把事业部一把手称为"将"，相和将之间彼此牵制；事业部或分公司的员工同总部人员拉关系，希望"朝中有人好办事"。也有人从历史书籍和影视作品中借鉴权谋之术，逐渐把太监、宫女、大臣、将军等角色感代入到企业环境中。

但是，把企业类比成王朝这个假设，在现代社会中其实是不成立的。企业数量众多，高度分散，员工如果不愿意在一家企业工作，还有其他选择。而王朝往往是垄断的，子民并没有其他选择。垄断的王朝，经常会被更有活力的游牧民族或其他外敌攻陷。以帝王之术管理企业，会带来企业内卷、丧失外部感知能力，员工更关注内部权力和利益的分配，而不是如何协作来满足客户的需求。

在传统的科层制组织中，上司给每位下属安排工作，而下属只对上司负责，绩效评价和奖金往往只由上司决定。平级同事之间的关系，容易陷入各自为政的状态，因为同别人协作并不能让自己在上司面前表现得更好。更有甚者会认为，如果上司采取帝王驭人之术，让下属互相竞争，那么协作反而会对自己有害。任正非希望华为的员工眼睛盯着客户，屁股对着老板；而在传统科层制企业中，员工眼睛必须要盯着领导和老板，才能更好地保护自己的利益，在与其他同事交流互动中也更喜欢用"老板是这么讲的"来压他人一头。

描述企业环境的用词也会反映人们的假设，比如用"职场"这个词来描述工作环境时，会更容易代入到一种讲政治、懂套路的环境，类似官场、情场等。

这种情况并非中国独有，西方大型组织中也是如此。传统的西方企业组织模仿军队，而在冷兵器和常规武器年代建立起来的军队管理体系，具有很强的等级制度。但是在和平时期，企业员工为企业工作时的使命感，远不及军人捍卫国家时的使命感。在缺乏使命和愿景的情况下，由于缺乏让大家一致向外、向上的力量，西方传统组织也容易滋生官僚。

优秀的冠军球队也好，具有强烈使命感的军队也好，其成员会有共同目标，组织成功和个人成功也会一致。比如，华为更像一支具有使命感的军队，在管理用词上也会选择很多军事用语，营造出一个鲜明且一致性很强的大环境。美国流媒体公司奈飞认为自己像是一支专业球队，为了夺取球队的胜利，每个位置的球员都需要守土有责，上场后团队成员必须配合默契，一起庆祝胜利，一起挺过失败。

成长型思维

协作是不同背景的人共同寻找答案的过程。团队协作的最好状态是大家心态积极、好奇心强，能接受别人挑战自己的想法，能放下已经证伪的观点和自己的面子，能提出有创意的新想法，直到找到最好的方案。这种团队需要成长型思维作为底色。

斯坦福教授卡罗尔·德韦克（Carol S. Dweck）在《终身成长》[24]一书中提出，她发现人面对挑战和挫折时会采取两种不同心态：成长型思维或固定型思维。具有固定型思维的人认为，自己的能力是恒定的，而世界是由一场场考察自己能力的考试组成，如果考不好就是自己不够好，因此不喜欢被挑战、不愿意承认错误。具有成长型思维的人认为，世界上的各种挑战，都是为了让自己学习、成长，让自己变得更好，因此失败是成功之母，而犯错是找到正确答案的必经之路。

我在麦肯锡工作时，和一位德国合伙人马丁有很多合作。马丁具有极强的解决问题的能力，大家拉着他一起讨论问题时，往往很快能找到解决方案。在讨论中，如果他发现自己起初提出的观点是错的，会很快承认并以明确无误的方式表达出来，"你是对的，我是错的。我们讨论下一个问题"，而且在说的时候不会有任何情绪波动。他为什么对于自己认错没有任何情绪反应？这是因为他的目标是解决问题，而谁对谁错与实现他的目标没有关系。任正非讲"面子是给狗吃的"，也是这个道理。往往人的地位越高，越愿意维护自己的面子，而这么做就会让组织付出很高的成本。

当我们把成长型思维和高远目标结合在一起时，就会很容易跨过面子这道坎，坦然认错，并会因通过犯错得到成长而开心。德韦克教授通过研究揭示的这种规律，与孟子讲的"闻过则喜"一样，听到别人指出自己有过失会很开心。时间、空间、种族虽然相差很远，但是人性的道理没变。

科学思维

解决跨专业的协同问题,需要跨专业的方法论,工作站模式的内核就是基于科学思维的一套方法论。这些方法论,如麦肯锡的七步法、戴明的 PDCA 理论、由通用电气发扬光大的六西格玛等,都是比专业职能方法论更抽象一层的通用方法论,能让不同职能、持不同观点的人都可以坐下来一起讨论问题。

在企业管理的语境下谈到科学思维,很容易被误解成"科学管理",即通过清晰的逻辑分解工作、严格执行、监控考核。但是这里说的科学思维,是指任何观点都要有可证伪性且欢迎被证伪,因为一旦我们发现并停止做错误、无效的事情,就可以让企业更聚焦在对的事情上。不能被证伪的观点,只能是正确的废话,而真理只是还没有被证伪的理论而已。

科学思维的基本方法,是针对观察到的一个现象,提出一种可能的因果关系解释,比如为什么发生、怎么发生等,这种解释就是假想。假想不一定正确,只是当时最好的猜测。随着数据的积累和分析,这种因果关系会持续被测试,如果有大量数据证明这种因果关系依然成立,那么就可以称之为一种理论。理论的意义,是可以根据原因推断结果,如果我们需要某种结果,只需要根据理论找到它的原因,然后投入资源和行动。比如,人类为了能在空中飞翔,尝试了各种不同方法,最后找到了依据空气动力学原理设计的机翼,靠快速移动时机翼上下方产生的气压差,形成飞机上升的升力。每次尝试,都是一次假想与验证的过程。

证伪一个理论,需要基于事实、数据、分析、推理等实证方法。这也是吉姆·柯林斯在《选择卓越》中提到的"基于实证主义的创新"的意思。只有如此，才能产出高质量的管理决策。其实，邓小平的"解放思想，实事求是""摸着石头过河""白猫黑猫论"就是一套科学思维方法论。实事求是，就是基于实证，不粉饰、不无视，让事实说话；摸着石头过河，就是提出假想，然后通过试错来证实或证伪，不断迭代；"不管黑猫白猫，能捉老鼠的就是好猫"，就是通过结果来验证假想，而不要经验主义、预设答案。

科学思维和方法在管理实践中使用不足的一个重要原因是教育。在大学学习和在职培训中，主要是围绕知识的传递，而不是基于科学思维的思辨，批判性思维不足。批判性思维来自日语"批判的思考"，是对英文 critical thinking 的翻译，指通过实证分析和推理得出观点来采取行动。儒家思想所讲的"格物致知"，即通过研究事物得出知识和智慧，倒是非常接近这种实证思维，但因为没有建立假想—验证的思维方式，最终没有演化出现代科学方法。

不幸的是，"批判性思维"这个词现在在一些人那里带有一种负面的意思，但其实英文是中性的，而中文本来也是中性的，也许是在历史演变中逐渐被赋予了负面意味。中文的"批"，本意是认可、同意，如批准、批示、审批，而"判"是思考后决定的意思，如判卷子、判断、研判，因此批判的本意大致是经过研究思考后做出决定，很接近英文原意。

在企业中讲科学思维，就是要让组织内权威的来源，从职务和经验更多地转移到实证分析。要接受任何人（包括老板）的观点都是可以被证伪的，而证伪过程就是一个提高决策质量的过程。在协作过程中，每个人都要理解假想不等同于真理，个人观点都要有被挑战、推翻、迭代的空间，而这对个人和组织都是好事。华为非常强调科学思维，任正非甚至认为假想是人类最伟大的思维方式。华为独特的蓝军组织，从竞争对手的视角来分析华为，制订打败华为的计划，就是建立在假想这个概念上，如果华为当前采取的战略和行动就是一个假想，而蓝军要做的就是证明或证伪这个假想。从这个角度来看，做企业其实就是一场持续的实验。

敏捷组织需要创造一种提倡科学思维的氛围和环境，比如在会议室贴一些科学思维的关键词，在工作中使用"假想""证伪"这样的词汇，在培训课程中增加科学思维的入门课等。

基石价值观

工作站模式中的协作，是基于特定问题而不是基于组织架构的团队工作。**真实、透明、平等、信任**，是敏捷组织的基石价值观，企业可以增加其他价值观，但不能与此相违背。这四种基石价值观不是情怀，也不是独立于业务的企业文化，然而它们可以实打实地提高决策质量、降低协作成本，让协作效率更高、质量更好、速度更快，这样企业就可以在更大的规模上高效运行。

这四种基石价值观彼此支撑、相互强化，能形成正向循环。但是，它们在全世界任何组织中都不容易做到，如果没有从董事长到一线团队的持续投入，很快就会往熵增的方向滑落，变得不真实、不透明、不平等、缺信任。但是，只有走少有人走的路，企业才能超越平均水平，走向卓越。

在践行这种基石价值观的环境中，可以降低对员工所谓"情商"的要求，让大家把注意力更多地集中在做事上，讨论问题时更能做到对事不对人。这种提高协作的方法，是在组织层面解决问题；另一种在个人或团队层面的解决方案，是人力资源经常会做的情商和影响力培训。这些培训对个人能力有帮助，特别是与外部互动的时候，但在组织内部反而会起反作用。它是基于组织大环境难以改变的假设，因此只能提升个人能力。但是，如果越来越多的人都要靠高情商才能做好自己的工作，只能让关系越来越复杂、协作成本越来越高。实际上，高情商在很多组织环境中，很快就变成了揣摩上意、互相帮衬、建小圈子等，让协作成本更高。这也是管理上二阶效应的一个例子，投入很多反而让问题更严重。从文化背景上看，在打造卓越企业的过程中，中国企业的组织建设，其实不要过度强调情商，而是要强调理性和科学思维。

真实

真实，是科学思维的起点。在自然科学领域，这个道理不言而喻，但在管理领域中，却是极不容易做到的，特别是关系到每个人自己的时候。恺撒曾说，"没有人愿意看到现实的全部，大多数人只希望看到他们想看的部分"，不过懂得这个道理并不能让我们做得更好。但是，在组织决策失误多、管理成本高、问题频出时，从实事求是入手，会带来极大的回报。毛泽东当年实事求是，根据中国实际情况提出农村包围城市的道路，改变了共产国际早前提出的占领城市的策略。而邓小平也是用实事求是，让中国走上了改革开放之路。

真实，是一切文化的基础。如果一家公司有各种好的文化元素，比如透明、平等、信任，但缺乏真实，那么所有这些好的东西都会失去价值，只会是一些听起来很厉害的概念而已，而在员工的心目中变成假装透明、假装平等、假装信任。

因为真实无法做到百分之百而只能不断接近，所以需要在企业中建立每个人都要遵守的规则和方法，才能帮助我们克服实事求是过程中不可避免会产生的各种不适。比如在一些公司的员工论坛中，员工可以匿名发表看法，既可以把一线的问题暴露出来，也可以作为一种制衡机制防止高层自说自话、自我感觉良好。当组织高层和基层之间的信息不通，决策者生活在自己的气泡中时，决策质量就会不断下降，逐渐走向衰落。

透明

组织透明度影响的是效率和安全感。一线决策质量是敏捷组织成功的关键，而透明的规则、透明的信息、透明的意图，会让大家更容易看到全貌，让决策速度快起来、质量好起来。同时，高透明度让大家不需要无端猜测，让流言蜚语没有市场，提高大家的安全感。

传统组织管理中往往按照等级来管理信息的传播范围，采用"按需知晓"原则来决定谁应该知道什么，即如果一个人的工作不需要某类信息的话就不要让他知道。这么做的显性原因是控制风险，毕竟如果敏感信息辗转传到竞争对手或谈判对手那里，会对企业造成损失。此外，知道超出正常工作所必需的信息不仅对业务没有帮助，反而可能会干扰大家的正常工作。比如，如果薪酬信息公开的话，大家就会互相比较，但是因为人们往往会高估自己的能力和价值，更多人会产生心理上的不平衡，从而影响工作状态。

还有些很少讨论甚至大家没有意识到的原因，也让高层更愿意控制信息扩散范围。

一是关于权力。高层最重要的工作是做决策，而信息是决策的输入和资源，能控制资源的人在组织中就代表着拥有权力。因此，如果一个人对权力的追求超过对组织成功的追求，就会希望掌握更多独有信息而不愿扩散。如果组织形成了围绕权力的整体氛围，就无法支撑敏捷组织所需的平等信任文化。

二是关于能力。组织中占据高级岗位的人也许并不比他的下属有更强的能力，但由于掌握了下属没有掌握的信息，能让他做出比下属更好的决策，显示出更高的能力。这个问题不只存在于组织的中高层中，甚至企业的最高控制人、董事长也可能有这样的倾向。比如，董事长在和外部的交流中获得了其他人不知道的信息或想法，在内部讨论中可能会不经意地轻视他人，打击大家的积极性。而自我意识、积极的态度带来的员工自我驱动，是敏捷组织能够运转的动力来源。

真实是协同解决问题的文化基础，而缺乏透明会让组织中孕育出越来越多的未知之事。如果不能讨论，就会开始有流言蜚语或官方话术来填充空白。如果越来越多的人不相信组织发出的正式信息，就会逐渐形成两个现实，一个是"官方现实"，而另一个是"民间现实"。对于任何信息，大家思考的第一步就变成了辨别这件事到底是官方版还是民间版，大大增加了协作成本、降低了决策质量，导致一群聪明人做傻事。反过来，组织的高透明度会提高内部假大空的难度，让组织中只有一种"实证现实"，为基于科学思维的协作工作方式提供空间。

这意味着，企业中的任何规则、信息、意图的缺省设置，应该是全员知晓，除非有很强的理由认为该信息需要保密。如果按照这个原则不断梳理，让企业中的决策越来越依靠规则而不是个人偏好，组织效率就会越来越高，规模就能越来越大。

平等

这里讲的平等是指不论职务高低，员工在人格上都是平等的。比如董事长和一线员工虽然地位悬殊，专业经验、收入差距巨大，但是彼此对话时都要把对方当成另一个独立个体，彼此尊重、不卑不亢。对于长期在科层组织中养成习惯的人，要做到这点非常具有挑战性，所以必须充分理解为什么这件事非常重要。

只有在人格平等的条件下，才能真正做到科学思维和高效协同。科学思维是通过建立假想并不断地去证实或证伪，形成高质量的认知并实现好结果。如果一个人认为当前的流行观点有缺陷，他应该要主动提出来让大家听到，才能发现并解决问题。但是，在一个不平等的环境中，如果权力和地位高的人很支持这个观点，地位低的人就不敢提出不同意见。在《皇帝的新装》这个故事里，皇帝当时的假想就是他穿的衣服虽然自己看不见，但是其他人是能看见的。其实，其他人也看不见，不过，没人说，直到一个还不懂得权力和谎言的孩子叫了起来。我们都懂这个寓言，但是在现实场景中，不同版本的皇帝的新装随处上演。

当然，这种平等并不是说每个人在专业上的观点都有同样的分量。在团队协作时，不同专业背景、不同经验值的人，他们提出观点的可信度不一样。瑞·达利欧在《原则》[25]一书中介绍，桥水基金采用的是创意择优决策方法，既让每个人都有权利甚至义务提出自己的看法，也会考虑到每个人在具体问题上的经验和能力，经验和能力高的人提出的观点会有更高的权重。

等级森严、缺乏平等的组织氛围会降低决策质量，有些时候是以生命为代价。第二次世界大战中的一个决定性战役是中途岛海战，日本惨败。军事历史学者研究发现，日军高层有不少人认为偷袭中途岛在战略和战术上有重大问题，但由于等级森严，他们从来不敢提出自己的怀疑。[26]在一线执行的场景中，等级森严也会造成惨重后果。1997年8月5日，大韩航空801次航班在关岛机场降落时，当时在下雨而且近地处有云层，机长下降时没看到跑道，撞到了山上，机上254人中228人当场遇难。1999年12月22日，大韩航空的一架货运飞机在英国一个机场起飞55秒后就快速朝地面撞去。对这些事故分析后发现，由于韩国社会中尊重权威、服从权威，认为下属不应质疑上级的决定，当机长出现判断错误时，副驾驶要么使用非常隐晦的语言提醒，要么选择一言不发，最终导致飞机失事。[27]

在敏捷组织中，平等的文化能让企业从上到下都为共同的使命和愿景服务，而不是下属为上司服务、为老板效忠。企业家和组织的关系是动态的，开始时企业家创立组织，以后演变成组织高于企业家。只有这样，才能让更多个体与组织的使命产生同频共振，上下同欲，在困难时可以顶上去。因此，上下同欲的前提是平等，是大家遵守共同的组织规则。

平等是培养员工主人翁意识和管理层企业家精神的土壤。企业主和管理者都希望更多员工有主人翁意识，不只把交给自己的工作做好，也能从公司的角度去判断，必要时做些职责外的事情。如果更多中高层具有企业家精神和领导能力，创新而坚韧，能主动寻找机会、制定策略、带领团队、夺取胜利，那么企业一定有很强的竞争力。但是，如果组织中没有平等的氛围，下级的个人成就动机就会逐渐弱化，变成听话就好、给多少钱干多少事，变成贬义的"职业经理人"文化。主人翁意识和企业家精神，不是被培训或灌输出来的，而是通过平等对待来保护和激发出来的。

在组织中要建立平等文化，可以在正式场合中建立规则，比如开会时职务高的最后发言，但是更重要的是在一些小事上做文章。小事的发生频率高，可以更快地改变价值观和习惯，而这种改变也会体现在做大事上。比如，平等在龙湖的用词是"低权力距离"，在价值观的培养上，要求员工不给领导拎包、不给领导开车门、不给领导端茶倒水、不称呼上级为领导。董事长的办公室大约 15 平方米，只比其他高管多 3～5 平方米而已，需要的话可以用作大家的会议室。这些小事往往反映大家深层的假设和习惯。曾经有一位新同事在组织专业交流会议中，由于对文化的理解不深，给每个人都安排了一个桌签，职务高的人桌签放在中心位置，其他人依照职务排位向外排布。我一直是从决策质量和协作质量的角度来看文化的作用，而不是把文化只当成团队氛围或行为标准，所以对低权力距离、简单直接的价值观非常敏感，就把这个问题提了出来，引起讨论并后续明确了规则。

在讨论问题中，要鼓励大家做到简单真实、畅所欲言，否则平等或低权力距离，就不能转化成高质量的讨论和决策，价值观也不能转化成企业竞争力。为了创造平等的环境，我会经常把汇报氛围浓重的摆桌子方式，如大长桌或 U 形的摆桌子方式，改成分组坐的方式，即使在并不需要很多讨论的场合也是如此，目的就是创造一个平等讨论的氛围。

信任

信任降低交互成本、提高效率，所有信任的缺失，都会以某种成本的形式体现出来。比如，银行对风险高的客户和项目，会收更高的贷款利息；交易双方缺乏信任，需要第三方或两个律师来帮助解决；讨论问题的时候缺乏信任，就会隐藏信息，要花更长的时间讨论甚至得出错误结论。阿里巴巴新版的价值观中有一条"因为信任，所以简单"，就是这个道理。简单是一种结果，信任才是原因。

科学思维要求假想具有可证伪性，但当一个组织还没有建立起假想这个概念时，对流行观点提出不同意见就需要很大勇气。神经学家研究发现，当人们公开提出与大多数人意见不同的独立观点时，大脑功能性磁共振成像（functional magnetic resonance imaging，fMRI）会发现杏仁体中有剧烈活动，而当人们独自思考不同观点时却没有这个现象。杏仁体是大脑中感知危险信号并采取应急行动的部分，恐惧就是由这里发起的。因此，只有创造出一种值得信任和有安全感的环境，才能真正发挥科学思维的作用。

企业最高层如果能树立起这样的榜样，鼓励不同意见，对建立组织信任有很大帮助。美国通用汽车前董事长阿尔弗雷德·斯隆（Alfred Sloan）曾经中断一次会议，他说："我感觉大家对这个决策毫无异议，既然如此，我建议不再讨论这个问题，这样还可以给自己节省时间。到下次会议时，我希望大家能拿出不同建议，也许这会让我们对决策有真正全面的了解。"

领导者可以参考麦肯锡关于信任的公式，让其他人对自己产生信任。

$$信任 = \frac{资质能力 \times 可靠度 \times 亲近程度}{自我取向}$$

资质能力是指一个人专业能力的高低以及是否具有相关经验，可靠度是此人在做事的时候是否可靠、说到做到、不让人惊吓，亲近程度是指此人是否能理解他人、愿意在彼此关系上投入，而自我取向是指此人是否以自我为中心、自私自利。用通俗的语言来讲，就是值得信任的人，要既有本事又靠谱、不端不装不自私。

既要结果也要过程

彼得·德鲁克提出的目标管理理念，塑造了后来的很多企业管理方法。他提到"你无法改进你不能衡量的东西"，意思是要清晰地定义出成功标尺，然后就可以以终为始地制定策略和工作计划，并在执行的过程中适度调整，最终达成目标。当公司规模变大、复杂度提高时，为了提高效率、有效组织员工工作，每个人的工作被定义得越来越精确，关键业绩指标（key performance indicator，KPI）被分解得越来越精细。长此以往，员工甚至是管理层就会逐渐失去对这些分解背后的业务逻辑的理解，弱化同其他人协作解决与 KPI 无关问题的意愿，即使这个问题可能与企业的整体竞争力和最终业务结果有关。目标管理的理念也从根据目标倒推策略，僵化成简单地根据结果来衡量绩效，与德鲁克的初衷背道而驰。

善于协作的组织，既看结果也看过程。阿里巴巴有一句经典土话

"没有过程的结果是垃圾，没有结果的过程是放屁"，非常好地解释了过程和结果之间的关系。一切工作都要有结果，只有结果才是最终的价值兑现，只讲过程正确而不看结果，就是空谈。但是，我们想要结果的时候，并不会因为在结果上努力就能得到，而是因为我们在过程上使了力，才随着时间逐渐结出果实来。

眼光如果只放在当下，结果就重要；眼光如果放在长期，过程就会更重要。

既看结果又看过程，其实就是组织进行学习的一种方式。如果只关注结果，面对复杂问题时容易在"使命必达"的压力下打乱仗。只有通过关注过程，才能找到那些在复杂问题中起作用的关键路径，让大家协作中的问题显现出来，之后才能解决。也只有通过关注过程，才能让一个组织建立起能力提升的闭环。面对任何目标，我们会依照一种假想的理论去制定策略并执行，看看能否出现我们想要的结果，这就像是做实验。通过关注过程，可以在后期复盘中证明或证伪这种理论，实现过程的迭代升级，并可以在企业内推广。

在混沌复杂的环境中，更需要重视工作过程。对于需要长时间才能看到结果的情况，过程和结果之间的关系高度复杂，因果关系也并非确定性，而是概率性，比如中长期投资项目是否能成功退出、战略选择是否产生希望的结果。对于这类问题，我们无法通过在短时间内观察到因果关系来快速迭代过程，而且，即便我们可以快进到未来，也无法判断几年前的某个选择一定会造成今天的结果。但是，如果对过程有清晰的认知，结合经验和逻辑推理建立起更好的因果关系，不断提高实现目标的概率，那么即便最后无法实现原定目标，我们也能确信在当时的情况下，已经做了能做的最好决定。

从管理即决策的视角来看，一个组织的价值观是面对长期、模糊、复杂因果关系时帮助我们决策的一组规则，比如，"诚信"反映的是在多轮博弈情况下对大家来说最好的选择，"平等"是考虑了个人主观能动性产生的根源后的一种策略，因此关注价值观也是关注过程的一部分。

在组织中关注过程，可以在绩效评价中嵌入相关的内容。通过关键过程指标，可以把大家的注意力从最终结果上分配一部分到实现结果的过程中，比如通过关注新产品销售额占比、专利数量、专利转化率等，提高企业创新能力。通过在员工绩效评价中，在业务指标外加入价值观评价等过程性内容，可以促使大家以正确的工作方式来实现业务结果。亚马逊的一个重要工作方法，就是强调关注可控输入指标（过程），而不是关注输出指标（结果），并围绕这个理念建立起一整套管理方法，而这套方法也具有分形的特征，能快速复制到新业务、新组织中。

其实，即便在强调自主经营意识的稻盛和夫阿米巴经营方式中，对于员工的激励也主要是基于员工能力，而不是从经营利润中提成，是实力主义而不是成果主义。[28] 阿米巴经营方式让一个个小团队从经营者视角主动思考和行动，通过"利他付出"的经营理念让流程上下游团队围绕客户价值更好地协作。每天、每月对关键经营数据持续关注并快速做出应有的调整，优秀团队获得象征性的奖金，而获得的荣誉感、成就感是不断激励大家做好的主要动力。这个过程实际上类似一个做企业的游戏，本身就很有意思，能在过程中培养出更多以企业家心态和思维方式去经营的管理者。这种方式与"承包"虽然有一定程度的形似，但实际上有本质区别。

敏捷组织中的考核还可以采用共担的方式，让不同专业共担一组KPI，让大家必须通过有效协作才能实现共同目标，比如让产品研发和营销共同负责新产品的销售和利润指标。

第 8 章

学习与迭代

在敏捷组织中，一线团队面对外部各种变化，通过协作形成策略和行动方案。但这种方案只是一个起点，很可能不是最优方案，必须通过执行时的反馈来迭代。因此，敏捷组织只有把持续学习作为一个关键环节，才能运转起来。

组织中的学习并不只有在参加培训时、师傅带徒弟时才会发生，学习每时每刻都在发生。人类大脑在自然进化的过程中，围绕学习形成了独特的结构，使得人类比其他物种更善于学习，这是我们能站在食物链顶端的重要原因。美国神经学家诺曼·道伊奇（Norman Doidge）在《重塑大脑，重塑人生》[29] 一书中介绍，最新的科学发现认为，成年人的大脑并非固定不变，仍然具有极强的可塑性。当员工看到一位总监靠溜须拍马得到晋升后，就可能学习这种方法；当员工经历过两三次形式主义的会议或培训后，就可能学习这种形式主义的生存方式；当员工看到几次拍脑袋决策后，就可能学习这种决策方式；当员工总是被上司告知要怎么做而不需要自己动脑子时，就可能养成不主动思考的习惯。

因此，人们每时每刻都在学习，真正的问题是大家到底在学习什么，这些学习是否与组织的方向一致。

学习与学习型组织

敏捷和精益的一个共同理念，就是面对新的机会或问题，先设计一个能够运转起来的初始方案，然后不断迭代改进，每轮迭代都产生比上一轮更好的方案。埃里克·莱斯（Eric Ries）在《精益创业》[30]一书中，把这个初始设计方案称为最小可用产品（minimum viable product, MVP）。他提倡企业在创新时进行"验证性学习"，先向市场推出 MVP，然后不断地试验和学习，以低成本方式验证产品是否符合用户需求，然后灵活调整方向。如果产品不符合市场需求，要快速失败，而不至于让失败的成本太高；如果产品被用户认可，也应该通过不断学习来挖掘用户需求，迭代优化产品。会失败和会学习，其实是创新这枚硬币的两面。

那么，什么是学习？如果把这两个字拆开，"学"是指获得了之前没有的知识，"习"是指在实践中练习使用学到的新东西，因此才有了"学而时习之，不亦说乎"，意思是把学到的新技能用起来，是件很愉快的事情。孔子的这句话也会被解读成学了新东西后时时复习巩固，那就会把学习这件事局限在了知识上面，失去了行动的意思。而在敏捷组织中，从战略的制定到执行、从知识的知晓到应用，需要不断强化知与行之间的紧密关系。

让组织中的个人与团队更愿意且善于学习，是一件极具挑战的事情。彼得·圣吉（Peter M. Senge）在《第五项修炼》[31]一书中指出，因为现代组织分工负责的方式将组织切割，而使人们的行动与结果在时空上相距较远。当不需要为自己的行为结果负责时，人们就不会去修正其行为，也就是无法有效地学习。他提出学习型组织有五个关键特征：

1. 建立共同愿景。通过让个人、团队和组织对未来达成共识，让学习有聚焦和动力。

2. 团队学习。让团队智慧高于个体智慧，通过跨界共同学习，建立共同语言和一致的体系，提高协同解决问题的能力。

3. 改变思维模型。每个人对世界的认知都是基于背后的思维模型，包括各种理论和关键假设。把思维模型显化，才能产生有效讨论并产生新模型。

4. 自我超越。个体追求不断成长进步，最终成为高手。学习不只是掌握知识，还必须要把知识用在实践中，通过改变行为来改变结果。学习必须是自我主动选择，而不能强加于人。

5. 系统思维。有效的学习型组织必须同时具有以上这些关键特征，缺一不可。

这五个特征与敏捷组织的原理是兼容的。但是，学习型组织只是一种理论模型，真正落地的时候会面临很多问题，在现实世界中学习型组织凤毛麟角。有实践者在使用学习型组织框架做传统企业转型时，根据局中人的经历指出它有两个缺陷，一个是学习型组织理论主要关注企业文化的维度，而对其他维度关注不够；另一个是学习型组织理论侧重于组织层面的团队学习过程，但是与战略目标和策略的联系不足。这两个缺陷在本书的敏捷组织逻辑中可以得到解决。

学习型组织在实践中出现的问题，和一些企业对这个概念的一知半解也很有关系。从企业高层来讲，企业主、董事长、CEO 都会希望企业成为学习型组织，如果管理层和员工的水平越来越高，业务结果应该更好。但是在如何建立学习型组织的路径上，很容易认为建立企业大学、加强培训，就是走在了成为学习型组织的道路上，毕竟有很多知名企业都建立了自己的企业大学，比如，麦当劳的汉堡大学、通用电气的克劳顿维尔中心、IBM 全球大学、摩托罗拉大学，等等。但是，培训只是学习过程中很小的一部分。

关于成人学习的一个共识，是学习成果大约 70% 来自挑战性任务、20% 来自与他人的合作、10% 来自正式课堂。在最初的研究报告中，70% 的挑战性任务其实还包括了 20% 的"逆境"，10% 的课堂学习包括了 5% 的"个人生活"。因此，学习是一种整体的人与外界互动然后自我迭代的方式，我们无法区分工作和生活场景，而正式课程只有 5% ～ 10% 的效用。所以，"一屋不扫，何以扫天下""治大国如烹小鲜"，其背后揭示的就是学习的整体性。

这个有关学习来源的研究有两层意义，一是企业中大多数学习应该来自课堂之外，而不是正式培训，培训只是知识的初始导入，因此，比正式培训更为重要的，是建立在日常工作和生活中的学习习惯；二是即便没有明确的学习目的，大家在企业的日常工作中也会学习，尽管学到的并不一定是管理者希望看到的。比如，如果一家企业的绩效评估标准明确规定 A 和 B + 占比不超过 30%，但每次实际评估的结果是 A 和 B+

占比大约50%，那么员工从中真正学习到的，是这家企业的规则可以被打破，而且空间很大。当员工把这个观察学以致用的时候，其他方面的企业规则也可能会被打破，让潜规则和显规则之间的距离越来越大，管理成本越来越高。

培养习惯要比参加培训难很多，却是真正形成学习能力最为关键的部分。最好的办法，就是把学习融入日常的业务场景中，帮助员工逐步养成新习惯。甚至可以说，真正的学习型组织反而不需要设置企业大学这样的机构来强调学习。但是，很多企业选择的是简单的那条路，然后找各种证据让自己相信这个选择是对的。

所有学习能够发生的前提是学习者的成长型思维。具有成长型思维的人，认为世界上的各种挑战都是为了让自己成长和变得更强大，因此，可以把任何挫折、批评、失败都转换成一种学习的机会，而不是让自己陷入失望、沮丧、愤怒、苦恼等负面情绪中。为了更好地成长，他们甚至会主动寻找困难但正确的事情，创造学习的机会，同时，当他们读一本新书、听到一个新概念时，不会在心里不断地寻找其中的漏洞来证明自己已经很厉害，而是会带着好奇心来倾听、思考，寻找那些给自己带来价值的内容。坚持成长型思维的人，会把学习作为一种生活方式，而不是一种特意要去安排的活动，能在任何场景下发掘值得学习的内容。

从时间的维度，我们可以把学习分成三种类别：一是向过去学习，比如，及时或阶段性复盘，通过反馈来发现自己难以看到的问题，通过读书来系统地学习新的知识体系等；二是向现在学习，比如，通过外部对标、行业内及跨行业交流、客户访谈等方法，向其他组织、客户、利益相关方学习；三是向未来学习，通过关注未来的趋势、建立多样化的圈层、在时间上适度留白等方式，保持对未知的敏感和自主创新的可能性。如果能在这些学习场景中坚持以成长型思维做底色，相比固定性思维，同样的形式会产出截然不同的结果。

向过去学习

复盘

复盘最早是围棋术语，指一盘棋下完后重新在棋盘上把对弈的过程摆一遍，看看哪里下得好、哪里下得不好、可以怎样改进。复盘是增进棋力的重要方法，特别是如果复盘的时候有高手提供不同的视角和洞察，效果就会更好。联想集团很早开始把复盘引入到管理实践中，工作做完了再回顾一遍，目的是不断检验和校正目标，不断分析过程中的得失，不断深化认识和总结规律，便于改进。联想集团开发出了一套"复盘四步法"[32]的方法论：

1. **回顾目标**：当初的目的或期望的结果是什么？

2. **评估结果**：对照原来设定的目标，看看完成结果如何？过程有哪些亮点和不足？

3. **分析原因**：事情做成功的关键原因和失败的根本原因是什么？要考虑主观和客观两方面，要有系统性和深度。

4. **总结经验**：对得失有什么体会？能总结出哪些规律？未来的行动计划是什么？

与复盘的方法类似，华为采用美国军队事后回顾工作法（after action

review，AAR）来实现工作的持续迭代。事后回顾工作法对已发生的任务或行动，趁记忆还是新鲜的时候，进行及时快速的专业分析和讨论，让参与者自己发现到底发生了什么、以后应该怎么做，产生的结论可以直接应用于后面的行动。其目的在于学习，而不是奖惩；重点是快速行动，而不是反复地分析。与复盘相比，AAR更侧重于任务执行类的工作。AAR包括六步：

1. **意图是什么**（what was the intent）：当初的行动意图或目的是什么？行动时尝试要达成什么？应该怎么达成？

2. **发生了什么**（what happened）：实际上发生了什么事？为什么？怎么发生的？

3. **学到了什么**（what have we learned）：我们从过程中学到了什么新东西？如果有人要进行同样的行动，我会给他什么建议？

4. **可以做什么**（what do we do now）：接下来我们该做什么？哪些是我们可以直接采取行动的？哪些是其他层级才能处理的，是否要上报？

5. **行动**（take action）：知识必须通过应用才会发挥效用，必须产生某些改变才是学习。

6. **分享传播**（tell someone else）：谁需要知道我们产出的这些知识？他们需要知道什么？怎样在组织中有效地传播这些知识？

复盘和AAR的道理很容易理解，但要真正做好非常困难，在复盘中会碰见各种误区，把复盘变成了工作总结甚至是走过场，难以达到从过去学习、认识规律的效果。典型误区包括以下几种。

想要证明自己对。虽然做了计划与结果的比较和分析，但出发点不是要从中找到自己的问题，而是内心深处希望证明自己做的并没错。我在龙湖推动重大项目复盘时，刚开始经常碰见这些情况。比如，在对一个购物中心项目进行复盘的时候，要从最初的定位、设计、建造、交付、开业、运营等各个维度进行综合分析和复盘。项目所在的地区公司组建了一个跨职能的项目复盘工作站，做了很长时间的准备工作，在复盘会上也展现了一些其他可能的设计方案，但是对体系问题的发掘不够深，只不过在总结中带了一点儿反思。我们要求这家地区公司重新做复盘，要深入到体系设计、组织能力、思维方式和心态层面。

对外归因。复盘的一个重要原则，是成功的时候尽量在外部找原因、失败的时候尽量在内部找原因，这样才能更好地发现自己的问题，才能有提升的可能。但是，在实践中很容易就把这个原则颠倒过来了，成功的时候找内部原因（如策略清晰、团队努力等）、而失败的时候找外部原因（竞争对手采用恶劣手段、市场气氛突然变冷导致销售大幅下降）。早期复盘做得很好的一家大企业，后来逐渐做得越来越不好。为什么呢？因为在复盘会上，一把手会更多地批评他人没有做好工作，而不是在自己身上找问题，导致其他人越来越失去安全感，没法对自己狠。

分析深度不足。在比较目标和结果之间的差异、寻找根本原因的时候，由于分析深度和系统性不足，无法得出深层次的解决方案。比如，在对过去的投资项目进行复盘的时候，有人说当时对北京某板块的投资太保守了，应该更积极才对。但这是马后炮，不是复盘，因为这个结论并不能让我们在未来的投资中做出更好的判断。正确的复盘应该是进一步还原当时的场景，让团队讨论"如果再回到当时的情况，我们可以做什么才能做出更好的判断"。加上这层思考后，可能得出的结论是更好的研究方法、对竞争对手更密切的关注等，这意味着要对原有体系做出改变。

为什么有效复盘这么难？既有意愿方面也有能力方面的原因。

固定型思维。拥有固定型思维的人不希望看到自己没有达到标准或者失败，他会把复盘当成一个会让自己出丑的阶段性评价，而不是一个用来让自己变得更好的机会。从成长型思维的角度，可以把每次做事都当成一个让自己变得更强大的机会，而这个机会并不是凭空出现的，是组织做了投入后创造出来的机会，不能浪费。如果事情没有做好，同时我们又没有从中让自己变得更强大，要了面子丢了里子，才是真正的失败。面对失败，如果我们用"失败回报率"来衡量从中获得对自身能力提高带来的价值，就能把失败当成开始而不是结束，更容易从固定型思维转变为成长型思维。

组织中缺乏信任。在缺乏信任、钩心斗角的组织环境中，难以开放讨论、自我剖析，大家会担心如果在复盘中承认过去的错误，未来会在绩效评价或晋升上对自己不利。如果这类事情曾经发生过，那这个组织就很难有真正的复盘能力。一个正面的例子是有一家很善于学习的房地产企业，内部从来不用复盘这个词，但是在各种讨论会上大家都可以毫无负担地分享自己碰到的问题、犯过的错误，并且积极碰撞、互相激发。在这个组织中，复盘方法论已经内化成了一种共同的思维方式，成了大家呼吸的空气，因此就不再需要通过"复盘"这两个字来传递这个信息了。而这一切的前提，是这家企业拥有信任、透明和务实的文化。

系统思考能力不足。找到问题的根原因需要采用一系列系统性思考和分析的工具，比如精益管理中使用的鱼骨图、五个为什么、系统动力学分析图等工具，这是一件高技术含量的工作。如果认识不足，有可能只是开几次讨论会，会上大家各自发言然后采用列清单、投票的方法，试图找出根本问题，最后却变成打着复盘旗号的团建活动。因此，复杂问题需要有简洁的解决方法，但是一定不能简单化处理。

缺乏对不确定性的理解。复盘和 AAR 方法都是通过观察和分析，更好地建立起事物之间的因果关系。如果以某种方式做某几件事，就可以得到我们想要的结果，那么未来我们想要这样的结果，就去做那几件事。在确定性的世界里，这种方法效果很好。但是，当因和果之间的时间滞后性加大、原因和结果的数量增加、外部环境高度复杂的时候，因和果之间的关系会逐渐从确定性变成概率性。投资就是这样一种情况，比如在早期风险投资中 10 个项目中可能有 1~2 个项目赚很多钱，有几个少赚或不赚不赔，剩下的都是赔钱。从战略制定到战略执行的结果也是如此，需要天时地利人和才能最终实现初衷。因此，在这种复杂度强、概率性大的因果关系中，不能希望根据计划的实现程度来推导出确定性的因果关系，而是要拥抱这种不确定性，用概率思维和方法来理解因果。

反馈

敏捷组织的建设，其实就是建立一个个螺旋上升又互相咬合的闭环，而反馈是形成闭环的关键。

我在龙湖工作的第一年年终，从手机短信中得知自己当年的绩效评价是 B-，可能是排名最靠后的集团高管。看到这个信息的时候我很意外，因为过去一年里没有听到会导致这种绩效的反馈和提醒。我分别约了董事长和 CEO，请他们给我反馈，告诉我哪些方面要去提高，这样才不会浪费一次 B-（提升失败回报率），但是没有得到明确的答案。琢磨了大半年后，我意识到可能是因为大家对于战略部门的定位、做什么工作没有真正的共识，所以，虽然觉得工作没达到预期却不知道如何改变。

基于这个认识，我开始自主定义战略部门的角色和工作方法，把与公司中长期价值相关的任何问题都作为我的工作范围。同时，参考麦肯锡的价值观，定下了两个原则，一是组织成功优先于个人成功，二是只做别人不愿做或做不了但很重要的事情。这样就可以不拘泥于传统的战略和管理方法的框架，反而走出一条与众不同的道路（参见附录）。

寻求和获得反馈是学习成长的一件利器。奈飞公司创始人里德·哈斯廷斯（Reed Hastings）在《不拘一格》[33] 一书中，描述了奈飞的自由与责任工作法，其基本原理是从市场上找到最优秀的员工、支付最高的薪酬，给他们很大自由但让他们承担相应的责任，通过极度透明促进协作和成长，让组织成为梦幻球队去夺取胜利。其中，员工互相坦诚反馈是这个工作方法中的关键一环，"反馈有助于避免误解，营造共担责任的氛围，同时减少对权力和规则的需求"。在奈飞，反馈的目标是帮助彼此取得成功，因此不要担心坦诚的反馈会偶尔伤害对方的感受；相反，在需要反馈而不去提出的时候，就是对不起公司和同事。反馈可以是阶段性的，但更好的反馈是及时反馈、尽快反馈，这样接收到反馈的人就有可能更快地改变原有做法，实现更好的业务目标。

我在麦肯锡工作期间的体会和哈斯廷斯所描述的奈飞情况一致，那就是反馈是提高自己、提高团队绩效的最有效方法之一。麦肯锡鼓励及时反馈，比如在讨论会上观察到一位顾问表达观点的时候总是铺垫太多，会中休息的时候就可以单独给他反馈，而不要等到几个月后。如果在讨论时对一个问题有不同的想法，那么就必须要提出来，这在麦肯锡被称为"表达异见的义务"，而不仅是表达异见的权利。

反馈不仅在西方企业中发挥作用，在中国的组织中也有不少例子。

唐代谏议大夫魏征，看到唐太宗在取得巨大政绩之后，逐渐骄傲自满、生活奢靡，于是上书《谏太宗十思疏》。他指出唐太宗"不念居安思危、戒奢以俭""既得志则纵情以傲物"，不"竭诚以待下"，将导致"骨肉为行路"，离心离德，难保江山。他也提出了相应的建议："君人者，诚能见可欲，则思知足以自戒；将有作，则思知止以安人；念高危，则思谦冲而自牧；惧满溢，则思江海下百川；乐盘游，则思三驱以为度；忧懈怠，则思慎始而敬终；虑壅蔽，则思虚心以纳下；想谗邪，则思正身以黜恶；恩所加，则思无因喜以谬赏；罚所及，则思无因怒而滥刑。"在现代管理语言中，魏征就是劝谏唐太宗成为吉姆·柯林斯所描述的第五级领导者，他提出的建议类似查理·芒格对各种思维陷阱的警惕。

现在，有的企业把类似民主生活会的方式作为团队互相反馈的一种机制。比如有一家企业定期举办沟通会，会上每个高管向董事长、CEO公开提出反馈，甚至"开炮"。当然，大家能否信任这个机制、在这种场合提出高含金量的反馈，主要在于下级是否真正相信上级希望听到让自己变得更好的声音。

不管在西方还是东方，给出和接收反馈都不是一件容易的事，历史上学习魏征的人还是有不少身首异处的。奈飞和麦肯锡为此建立了反馈方法和体系。例如，麦肯锡在所有新员工培训中都会讲授如何给出和接收反馈，让大家认识到反馈不是挑毛病、责难、批评，它是一种礼物：

提出反馈的人因为关心对方而给出了一件礼物，接收反馈的人则是从关心自己的人那里得到了一件礼物。在每个项目中，上至合伙人下至初级的分析师，都会把反馈作为团队建设的一个重要工具，包括及时反馈，项目中期、结束时的阶段性反馈。在每半年的绩效和发展评估中，又会根据每个顾问在不同项目上的情况，综合给出更为全面的个人发展建议。

和复盘一样，如果想要在组织中把反馈的价值充分释放，就需要更多的人有成长型思维，也需要有利他心以及由此所生成的信任。

接收反馈：成长型思维。 具有成长型思维的人，做事的目的是让自己变得更为强大，而不是要证明自己已经很强大，因此如果有人能够提出让自己改进的建议，都是求之不得的事情。即使别人提出的是缺乏建设性的批评，具有成长型思维的人也会学习如何从其中挑选对自己最有价值的部分，对其他催生负面情绪的内容则很快放下。我们其实并不需要对听到的反馈进行两种心理归类（是建设性反馈，还是非建设性批评），重要的是对任何听到的反馈切分成更细的信息块，选出对自己有帮助的内容。要分解，而不是简单归类。

给出反馈：利他心。 在日常生活中，往往因为和一个人的关系非常好，才会给他提出一些建议，"因为咱们是朋友，我才跟你说这些"，因此反馈的确是少有的礼物。在奈飞的理念中，企业是市场上最优秀的人组成的一个冠军队伍，给同事提供反馈让他做得更好，就是最终让组织成为冠军、让自己成为冠军的一员。在这种企业逻辑中，利他和利己是高度统一的，"因为我们是战友，我才跟你说这些"。在反馈习惯还不成熟的环境中，需要先有一些人有更多的利他心和不怕被人误解的勇气，愿意给同事提出反馈让对方变得更好，来促成这个环境的逐渐生成。这其实就是"领导者"的含义，能先走出一步做出让他人、让组织都成功的事情，虽然艰难，但因为相信它是正确的所以去做，之后会带动更多的人做这件事。

向现在学习

外部学习

一个组织的价值最终是由外部决定的。我们能否解决客户面临的问题？能否以比竞争对手更低的成本，更好地解决这些问题？此外，能否与社会其他利益相关方（政府、监管机构、大学、公益机构等）形成良好互动并进一步强化自身的竞争力？敏捷组织把每次与外部的互动都当成一个学习的机会，永远力求提高自己。

向客户学习。客户是最终为企业产品和服务买单的一方，持续深入地了解客户真实需求是所有企业的必修课，永无止境。在龙湖早期建立客户研究体系的时候，由于不同地区、不同城市、不同客户细分对住宅产品需求不同，集团要求每家地区公司都要通过各种方法了解客户真正要解决什么问题。比如，借鉴快消品行业已经成熟使用的入户观察研究方式，客户研究团队在选定的客户家中花一天时间观察业主的生活，过程中不去打扰，之后进行访谈。同时，要求每个地区公司的一把手和核心业务负责人至少要参加一次这样的活动，让大家共同看到真实客户场景中在发生的事情。很多团队在这个过程中发现了之前从来没有想到过的问题，或者纠正了之前错误的认知，对向客户学习有了敬畏之心。

向对手学习。对标是向对手学习的常用方式，但想要用对也并不容易。同一行业的不同企业，可能有不一样的战略、业务模式、人才策略等，因此，要分层次对标，在理解了更高层面的逻辑后才可以在下层对标基础上选择性学习。在向对手学习的时候，一定要理解时间和因果在企业发展中扮演的角色。优秀的企业在某些方面有很好的成绩，但是这些成绩都是在过去很长时间里逐渐积累的，而不是在某一天突然出现的。所以，非常重要的是找到这个时间旅程中的一些关键事件和决策，去学习过程，而不是只学习结果。否则，如果领导者要求自己的企业短时间内达到优秀对手的水平，往往会让团队做无用功。

比如，之前提到奈飞以市场最高价格招聘最好员工的策略，和其自由与责任的工作方法是相匹配的，因此如果一家企业试图学习奈飞高价招聘最好的员工，但并不给他们工作的自由，那就无法达到希望的效果。在房地产行业，有的企业擅长做高端产品但建设周期长，有的企业擅长运营速度但其产品设计和质量都处在中游，两种模式都有做得很不错的企业，但是如果有人想要同时学习两家公司的一些做法，实现又好又快的结果，可能会产生逻辑上的冲突，无法实现。实际上，在高手竞争的时候，只有做出他人没做过或做不好的事情，才能突破业绩的边界。

企业不只要向比自己规模大的高手学习，还要向规模虽小但有创新做法的小企业学习。大企业具备由规模优势带来的客户、供应链、资金等资源，但往往创新能力不足，这时就可以通过学习小企业的创新做法，在规模化上形成自己的方法论。并不需要总是首先想到创新，但是要能快速学习并做到更好。

跨行业学习。一个行业的领先企业，能从本行业其他竞争对手那里学到的东西可能不多，所以更需要从跨行业的领先企业中找到下一步发展的灵感。比如，万科早期曾以美国的房地产公司帕尔迪为学习对象，在中国房地产行业中引入了很多新做法，领先其他企业多年。伴随着中国房地产市场的逐渐成熟以及自身行业地位的逐渐稳固，万科后来又向麦肯锡学习合伙人模式、向汇丰银行学习公司治理等。龙湖的学习交流企业清单中，也包括一些互联网、新材料制造、服装、家电等行业中的佼佼者。

在外部学习中，团队学习要好于老板的单独学习。如果一家企业的董事长经常在外边学习，但是并不带着高管团队，会造成董事长和高管之间的认知差距越来越大，逐渐就会造成老板瞧不上下属，未来就更不愿意带着大家一起去学习，由此导致恶性循环。如果最高层做不到同心同路，一旦这种心态和情绪传导给整个组织，那么就很难凝聚人心。当然，带着大家一起学习的时候，一把手千万不能认为自己最正确，否则其他人会迅速读懂老板的好恶，顺着老板说话或以沉默保护自己，这样就无法进行真正的讨论和学习，这也算是一种"假装解决问题"。

内部学习

敏捷组织所鼓励的分布式战略能力、一线解决问题能力，能让不同的组织单元涌现出解决问题的创新方法。如果对同类问题有不止一种解决方法，经过组织内部学习、实践和评估后，就可以迭代出解决这类问题的最优做法，进而在更大的组织范围内发挥价值。在龙湖进行战略共谋工作的时候，如果发现一家地区公司在某个问题上的方法有亮点，

CEO 和我会当天在全公司高管微信群介绍这些亮点是什么，并鼓励有类似情况的其他地区公司去交流细节。同时，每个专业条线也会在自己的季度会议上，分享优秀的方法、案例，这样就把这种会议变成了内部互相学习的一个场合。

很多企业试图通过知识管理系统来提高内部学习，但往往会发现虽然实施了 IT 系统，在使用上却大打折扣，导致缺乏高质量的内部分享材料、资料过时、阅读量低等各种情况。麦肯锡的内部知识系统中有很多高质量、及时、有用的材料（经过对客户保密信息的脱敏处理），可以让一个领域的新手很快了解全貌和最新动向。如果看完材料后还有问题，可以约文章的作者直接讨论。这个成功的背后有几个原因，一是麦肯锡在全球范围内进行合伙人奖金池分配，不会导致不愿意分享；二是虽然组织架构非常松散，但在全球范围内会有某个行业或某个专业的组织，负责在其领域内建立全球竞争力；三是在晋升时会考虑之前的知识贡献。

向未来学习

向过去学习，是通过复盘和反馈，比较期望和结果，找到没有做好的原因并修正，好的做法则发扬光大。向现在学习是向组织内外的其他人学习。向未来学习，则是拥抱未知和可能性，创造还没有出现的事物。

美国 3M 公司是一家以创新闻名的公司，即时贴的推出与长期畅销就是一个向未来学习的案例。3M 实验室研究员斯宾塞·西尔沃（Spencer Silver）最初想发明一种强力胶，却偶然发现了一种强度不满足要求但有自己特点的产品，它容易将物体黏住而且也容易撕下来，不会留下痕迹。几年后，一名同事将这种胶涂在小纸片上，并用它来标记乐谱，就产生了即时贴的创意。

所有关于创新的方法都是向未来学习的方法，包括积极关注未来社会与科技发展趋势、理解年轻人偏好、搭建多样性的团队、更多跨界交流等。但让这一切能够真正达到目的的根本，是要有好奇且开放的内心。好奇心是创新的源泉，不安于现状才会有驱动力去主动寻找不一样的东西；而开放是不轻易评判，不快速下结论，给其他可能性一个萌芽的机会。

要做到好奇和开放，需要给生活和工作留白，不能让事务性的工作填满自己的日程，而是有张有弛。如果一个组织的最高层忙于参加一个又一个会议、解决一个又一个出现的问题，那么就很难有足够的留白，去探索企业未来的可能性。美国硅谷早期创业孵化器 Y Combinator 的创始人保罗·格雷厄姆（Paul Graham）曾提出"创造者日程安排"的概念[34]，认为从事创造性工作的人，需要在日程中留出一些大块的独处时间，聚焦在特定问题上；而与之相对的是"经理人日程安排"，把每天分解成非常细小的时间块，处理一件一件具体的事务。企业家和高管要创造的产品是组织，他们是创造者而不是经理人。

《大学》中有一段话，"知止而后有定，定而后能静，静而后能安，安而后能虑，虑而后能得"，比较好地描述了如何向未来学习的心理状态。先要抛开诸多杂念，让内心安定澄明，能将思绪打开，才能产生领悟，之后再付诸行动。

第 9 章

稳定系统

敏捷组织需要以灵活的方式应对复杂多变的外部环境,因此组织结构中必然要有很多柔性的部分。在规模化发展时,也需要一种相对稳定的结构来支撑这种灵活性,才能在灵活性和稳定性之间达到平衡。这套相对稳定的管理体系,包括组织模式、核心业务与管理流程、财务与人力资源管理体系、信息系统等,可以让组织在决策和行动的质量、速度、成本、柔韧性之间做出最好的权衡。

这种在组织内相对稳定的管理体系,我们可以将其称为稳定系统,它是根据高频的协作场景设计出的可重复使用的结构和规则,侧重于提高速度、降低成本,体现效率优先。与稳定系统互补的,是侧重于灵活、柔性、韧性的体系,我们可以称之为柔韧系统,协作场景相对低频,侧重创新。第 6 章介绍的工作站模式,更多地被用来解决这类问题。

这种结构类似很多动物的身体结构,由刚性部分和柔性部分组成,才能在自然进化的过程中做到适者生存。刚性结构如哺乳动物的骨骼、虾和蟹的壳，柔性结构如皮肤、肌肉、内脏等。与骨骼在外部的龙虾、乌龟相比，骨骼在内部的哺乳动物，反而进化出了更大的尺寸和力量。这个自然选择结果的背后，也体现着刚性和柔性结构与环境互动的最优策略，对大组织的结构也有启发性。

敏捷组织的稳定系统和柔韧系统可以互相配合，也可以互相转换。面对外部环境的各种问题，首先要判断哪些是常规问题、哪些是新问题。有一定规模和竞争力的组织，应该对常规问题已经有了一套协同解决方案，经过长期运行已经固化在稳定系统中，可以高效率、高质量地处理这些问题。如果面对的是新问题，就需要采用开放、灵活的协作模式，用柔韧系统来处理。如果估计这类问题未来会长时间持续出现，那么在解决新问题时就要考虑可规模化的方案，考虑是否具有分形的特征。新方案得到验证后，就可以把这种柔韧系统产出的新做法，变成稳定系统的一部分。这样，稳定系统就实现了迭代更新（见图9-1）。

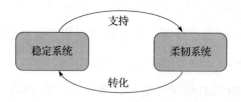

图9-1　稳定系统与柔韧系统

反过来，如果由于外部变化导致稳定系统的某一部分不再适用，那就要对稳定系统进行修改或重构。在传统组织中，这种思考和重构之间的时间间隔会比较大，可能是3～5年甚至更长，一旦发生就是一场很大的变革；而在敏捷组织中，这种思考和重构会持续、高频发生，是日常管理的一部分。

大型敏捷组织在构建体系时，需要同时考虑敏捷和规模两个维度。在敏捷的维度，一线团队在面对外部环境变化时，要有意愿、有能力、有资源做出最好的判断，执行并产生成果。在规模的维度，企业要尽量按照自相似分形的逻辑构建体系，这样才能在规模增长时，让内部协作成本增长的速度低于产出增长的速度，尽可能延后碰到规模瓶颈的时间。因此，与传统企业相比，大型敏捷组织的稳定系统有几个特点：

1. 提高信息透明度，让更多人能做出高质量决策；
2. 通过稳动型组织架构，在结构上平衡稳定和柔韧；
3. 管理规则化、数字化、产品化，以更好地平衡效率和创新；
4. 有基于场景的决策模式和规则，加快组织决策速度；
5. 使用粗线条的绩效评价和激励体系，避免固化和僵化。

高度透明的管理体系

在组织中要建立信息尽量透明的环境，最重要的转变就是在判断某个信息的知晓范围时，把"所有人"作为缺省值：如果没有非常有理、有据、有力的反对意见，这个信息就可以让所有人知道。

以薪酬为例。一般的共识是员工薪酬是高度保密的信息，如果将之透明公开，会让干同样工作但薪酬较低的员工产生消极的心态，不利于组织团结。但是，如果把"所有人都可以知道每个人的薪酬信息"当成一个假想，然后思考它的好处和坏处时，就会发现共识的观点（薪酬应该保密）是基于一个假设，即很难在薪酬规则上让每个人都认为公平。

实际上，有些企业采取了独特的方式来解决这个"公平"问题，让薪酬透明或适度透明并产生积极的组织效能。

一个比较极端的例子是美国农产品及食品加工业的晨星公司（Morningstar，Inc.），它是全球最大的番茄加工企业，占美国工业用番茄酱和切片番茄市场大约四成份额。晨星公司的组织愿景是"所有员工自主管理，主动和同事、顾客、供应商以及业界参与者沟通与协调，没有来自其他人的指令"，是一个典型的敏捷组织。晨星公司的每位员工每年根据内外部薪酬资料、公司的财务资料，以及本身的工作角色，向公司建议自己未来一年的薪资。然后，一个由同事推选组成的薪酬委员会，审阅这些薪资提案，提供反馈建议。

美国奈飞公司则坚持从市场上招聘最好的人并支付市场上最高的工资，甚至鼓励员工通过参与猎头或竞争对手组织的面试来获取市场上的工资信息，如果员工认为自己的薪酬低于外部对标，可以向公司提出来。当然，企业内期望从事创造性工作的每个人都是同行业最优秀的人选，否则就会被毫不犹豫地换掉。

在这两家公司中，都通过建立某种薪酬与企业价值之间的相对客观关系，解决了"公平"这个问题；反之，在薪酬不透明的组织中，薪酬与企业价值的关系就可能发生扭曲，比如向自己喜欢的员工倾斜，而这种"喜欢"可能是这个员工善于向上管理的结果，与企业价值创造无关。

作为极为敏感的薪酬信息，上面两家企业采用了与传统企业不同的思考逻辑来评估是否可以透明。我这里并不是建议敏捷组织都要薪酬透明，而是通过分析这样极致的案例，让我们在思考时更能突破传统思维。对于其他类型信息是否应该透明的问题，我们更没有理由墨守成规。比如：

财务信息方面，可否让更多的人知道销售、成本、利润、回报等更多财务信息？这会让更多人从经营者的全面视角、以结果为导向来看自己的工作，而不是局限于具体的动作。如果作为上市公司，担心泄密或内部交易，可以通过严格执法的手段让大家知道泄密的严重后果，而不是因噎废食。

人力资源方面，绩效信息是否可以透明？对于绩效差的人，有可能会感受到来自团队的巨大压力而难以正常工作；但反过来，如果组织有成长型思维的底层逻辑并强调利他心，那么绩效透明度会让绩效差的人有自我提高的动力，其他人也有帮助他的意愿，这种绩效透明度就可以更好地激发员工学习成长。实际上，在使用 OKR 管理的组织中，由于每个人的重要工作目标都是透明的，对这些工作的评价自然也需要透明。虽然 OKR 工作方法中的结果与绩效不直接挂钩，但通过对这些内容的透明，也解决了最初希望解决的问题，即通过绩效透明来让大家进步更快。

员工对组织的反馈是否可以更透明？传统的做法，是设立员工反馈信箱，员工把对一些问题的看法实名或匿名发到信箱里，由某个机构或领导阅读后决定采取什么措施。另一种方式是通过员工论坛，让员工把对组织的建议或批评公开发表出来，可以选择实名或匿名。这样所有人能同时看到并产生交互对话，很快就能根据话题的热度看到大家最关心哪些问题，领导者也可以在论坛上与员工对话，推动问题的解决。后一种反馈方式可以让最高层直接听到一线反馈，防止层层汇报带来的信息损耗和变形，通过全员互动又可以检验这种反馈的真实性和合理性，是一种非常低成本的发现问题的方式。陷入僵化的大组织，往往在最高层和基层之间缺少有效沟通，导致决策者生活在信息孤岛上，做出不符合现实的决策。员工论坛如果使用得当，可以有效地防止这种情况发生。

稳动型组织架构

组织架构是解决分工与协作的要素之一，其他要素还有业务流程、员工能力、权力分配、激励体系、价值观、信息系统等。但是，架构往往是最为显性的要素，它体现在每个人的名片上、内部通讯录中、办公区设置上。

在敏捷组织的逻辑中，会弱化架构在组织效能上的重要性，而强调个体能力、技术平台、协同方法、激励体系的重要性，根据所要达成的目标来组建专业能力与协作能力都强的高绩效团队。

大型敏捷组织更适合采用"稳动结构"的组织架构模型，即稳定的专业职能组织与灵动的项目团队相结合，通过专业职能建立强大的行业竞争力，而针对不同的市场机会，由来自不同职能的专业人员按需组成灵活的团队（如产品团队、项目团队、区域团队等）。其基本假设是一个组织的技术和专业能力的增长具有长期复利效应，随着时间推移可以构建出长期壁垒，而市场机会的增长则很难有长期复利效应，一旦过了跑马圈地的阶段，企业就必须在技术和能力上展开竞争。任何一家企业都必须对客户需求有深入的洞察，并据此不断迭代产品和服务，不过，竞争对手可以很快抄袭这些洞察和设计。如果背后的产品实现能力是建立在持续加强的技术和专业壁垒之上，那就不容易被对手复制。这个逻辑也适用于多元化集团中的专业化公司，但是在集团层面就需要考虑不同的组织逻辑。

稳定的专业职能组织，是敏捷组织中每个人的"专业之家"，负责每个成员的能力提升和职业发展，让员工更有归属感。灵动的项目团队，则是根据市场、产品、客户等机会来组成灵活团队以实现业务目标，把专业能力变现。例如，麦肯锡就是一个典型的全球化、大规模、按照稳动结构建立起来的敏捷组织。它根据专业（如营销、战略、财务、运营等职能）或行业（如汽车、化工、先进制造、物流等）建立相对稳定的专业组织，每个咨询顾问都会有2～3个专业归属；而每个客户都有几位合伙人负责，与之讨论工作议题并成立项目小组，然后根据项目特点从咨询顾问的人才池中挑选团队成员。同时，咨询顾问也会反向挑选客户和合伙人，逐步塑造自己的发展路径。

我在龙湖总部职能战略和组织建设的讨论中，也会请各职能负责人思考如何设计各自的专业组织来支撑战略。一位职能负责人提出把职能部门作为每个专业人员的"娘家"，帮助各个地区公司配置专业团队，如果地区公司发现某些人能力欠缺，集团职能部门评估并同意后就可以换人，如果此人有学习的意愿和能力，就可以"回锅"接受再教育。这其实就是稳动架构的逻辑。

传统组织在面对外部变化时，由于整体架构是按照由上至下的控制逻辑建立的，很难做出快速灵活的反应，在经历一段时间内外部失配带来的痛苦后，就需要做一次组织转型来解决这个问题。但是，组织转型的真正挑战不是改变架构和流程，而是如何让个体从过去的习惯中脱离出来再学习新习惯，这个过程往往需要2～3年的时间，但有时还没等到这个阶段结束，外部又有了新的变化。因此，传统组织在快速变化的环境中只能被牵着走，易造成员工身心疲惫。

在房地产行业，有一家企业采取了让员工时刻拥抱变化的策略，甚至采取每年调整一次组织架构的方式，但反而让员工逐渐丧失了深度学习的机会。高层因此错判了组织的真正学习能力，认为员工可以对战略变化随机而动，指哪儿打哪儿，导致战略思考不足，往往一件事开始时风风火火、结束时劳民伤财。几年下来，没有打下有竞争力的基本功，反而丧失了之前建立起来的一些优势。

管理规则化、数据化、产品化

与稳动架构类似，敏捷组织需要在管理上通过稳定和柔韧部分的结合，实现成本效率与开放创新之间的平衡。而规则化、数据化、产品化，可以让业务管理更好地实现这种平衡，同时进一步强化敏捷组织所需要的科学思维和透明平等的文化。

规则化

管理者可以在三种不同颗粒度上来管理业务：原则、规则、制度（见图9-2）。原则最抽象而制度最具体，原则的数量可以很少但制度的数量很多。

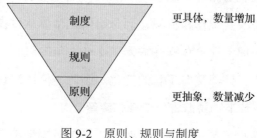

图 9-2　原则、规则与制度

传统组织中往往使用详细的管理制度，比如，"营销管理制度""营销行动手册"等，会根据可能出现的每一个不同场景，列出应该采取的营销方式、成本限额、可选供应商等。规则是对类似的场景制定统一标准，比如，"内部供应商与外部供应商同等对待"，或者"无论何种产品和服务的采购，当外部供应商所在行业成熟后，公司就不再自己去生产"。如果把规则进一步抽象，就是管理原则，比如，根据"成本最优"和"建立企业长期竞争优势"两个原则，就可以得出上述关于采购还是自己生产的规则，通过采购非核心部件让企业持续聚焦在建立长期竞争力的工作上。

原则、规则、制度这三种不同的颗粒度，越抽象越能在更多的场景下得到应用，但需要更强的解决问题的能力，花费的时间也更长；越具体越能被快速应用，但面对外部不确定性时难以灵活处理。敏捷组织需要更多地通过原则和规则来管理，通过让员工和团队把规则应用在实际问题上，得出具体解决方案，当然，如果这种问题很常见，就可以开发出与规则一致，更为详细的制度、标准、指引。

对于敏捷组织，管理规则化可以更好地实现效率和创新的平衡，可上可下，既保证了广泛的适用性，又能根据专业或应用场景的实际情况而具体化。与内容详尽的制度相比，一个企业内规则的数量相对较少，更容易让不同专业的管理层和员工做跨专业思考，让企业在重要规则之间做到更好地交圈、融合。当然，所有规则必须符合企业更深层的原则，才能按照"企业即算法"的逻辑，以统一的企业算法促进自相似分形的产生与成长，从而更容易规模化。管理规则化的深层价值，在于能让知识型员工和领导者保持适度思考的状态，形成学习的习惯和能力，相反，如果企业使用太多硬性的规章制度，则会让员工逐渐养成听指令的习惯，进而降低他们的学习能力，也会降低他们快速处理外部变化的意愿和能力。

数据化

稳定系统要尽可能为决策提供实证和数据依据，而不是靠大家一起拍脑袋和猜测来做决策，否则决策模式很快就会变成根据每个人在组织中的地位和权力来判断谁的猜测最好。数字化可以让企业以更低的成本，在更广的范围内，更快地进行信息的搜集、分析、呈现，为各种决策场景提供及时、可靠、相关的数据支持。

以人才发展为例，常规的做法是每半年对员工进行绩效评估，并反馈优势、劣势和改进建议。但是，如果能根据员工在每个项目中的工作情况、每次绩效评估的大数据内容，同时结合不同角色的能力素质模型，给每个人的素质能力贴上相应的标签，如"抗压能力""系统思考""创造性"等，就可以更好地用数据描述一个人的成长轨迹和优劣势，在未来的工作安排或团队组建中做出更好的决策。在企业规模小的时候，这个做法似乎是多此一举，甚至会认为关于人的判断无法用数据说清楚，很多时候就是凭感觉管理。但是，在企业规模大的时候，需要通过模型和数据来解构"感觉"，提供一种更客观的"刻度"，在此之上叠加"手感"，这样才能得出最终的判断和决策。随着模型的逐步优化，数据更加全面，决策中刻度的比例逐渐增加，手感也就可以逐渐减少。

即使一家企业有很好的信息系统、大量的数据，也不等于实现了真正的数据化管理。数字化转型是每家有一定规模的企业的必经之路，但从实现企业价值的角度看，数字化转型首先是人的转型，要从经验型决策转变为数据化决策，否则，虽然建立起了数据化的基础设施，但是并不会真正使用，这样就会导致数据质量下降，让不愿使用数据的人有更好的借口拒绝使用数据，从而进入一个恶性循环。这个问题的核心，是数据化管理需要把一部分决策权从领导者（特别是老板和高管）手里让渡给模型和数据，而拥有权力的人对于失去权力非常敏感，会下意识地保护原来的权力。

本书前面提到的客户研究工作，虽然很多房地产企业都认识到了数据化管理的重要性，但真正做好的并不多，主要原因就是老板内心并不愿意把产品决策权让渡给模型和数据。这就是为什么在敏捷组织中，要不断地强调远大的共同愿景、透明平等的价值观，让最高层也愿意为了实现更远大的理想、打造更好的企业而适当放弃对权力的执念。

产品化

管理产品化是要把员工当作客户，把"管理"从员工不得不听从的命令，转变成员工心甘情愿接受的一种产品，从而产生组织希望的结果。这种"管理"的本质是赋能，是为帮助员工更好地实现他们的目标提供的一种服务。

最直观的例子是企业内部信息系统的开发和运营。传统思路是根据业务要求开发系统，如费用报销、销售管理、员工自助服务等，然后培训并要求员工使用这些系统。系统界面往往围绕业务逻辑进行优化，而在员工的用户体验上并不会投入精力，其逻辑是员工按照要求使用就好，不会的话可以进行培训或自己查阅说明书。

但是，如果把员工当作客户，业务系统当作手机上的 App 产品，就会促使组织想办法让员工想用、爱用，而不是直接要求员工必须使用，这样产品才能在市场上有生存的可能。按照管理产品化的理念，系统设计者必须主动去深入了解使用者的需求和偏好，与业务逻辑结合后设计出员工认为好用的系统。龙湖在信息系统开发上很早就形成一个规则，就是信息系统不能有使用说明书，甚至不需要对员工进行培训，这样就倒逼开发者必须做出好产品。这其实就是管理产品化的前身。

在系统上线运营后，管理产品化的理念是使用一套策略，让员工更愿意按照业务标准和要求持续去做。比如，借鉴电子游戏的方法，在专业能力建设上采用打怪升级的思路，通过积攒技能点和实操经验，让员工在学习过程中有更好的投入度和成就感。

管理产品化的深层价值，是让"管理者"对一线更敏感、对管理结果更有责任感。在这个过程中，他们需要把自上而下的思维习惯与自下而上的需求结合起来，必须对一线业务场景有更好的理解，迫使自己从管控者转型为赋能者。在把员工当客户、管理当产品时，如果一个管理思路没有达成该有的结果，管理者就不能埋怨"客户"不买自己的"产品"，用"制度中说得很清楚，就是执行出了问题"做借口，而必须负起全部责任，反求诸己，看看自己产品和运营的问题出在哪里。

基于场景的标准决策流程

在企业即决策的视角下，几乎所有管理类工作都是决策，而不需要决策的操作型工作所占的时间比例很小。企业不同类型的决策可以用决策场景来描述，根据决策的类型、形式、场所、参加人、规则等多个维度来定义场景。敏捷组织必须建立一套标准决策流程，当团队面临需要决策的具体情况时，可以根据标准决策流程，很快把合适的人以合适的方式组织起来，按照共同的方法进行讨论，按照规则决策，让决策的效率和质量都有足够的保证。

比如，在进行重大战略决策的时候，需要认识到战略决策具有模糊性、概率性、长期性的特点，不能期望通过一次会议就形成决策。因此，在频率上，可以有季度性议题和临时性议题两种，与敏捷组织中战略是有计划的机会主义的理念一致。一个新战略问题的初始讨论往往很模糊，需要开放的环境和更多的输入，视为"气态"模式，所需的场景最好具有相对放松的环境和氛围，参与人员多一些。之后的讨论相对聚焦，会产生一些假想但需要进一步验证，视为"液态"模式，可以在会议室进行，参会人数可以减少。最后，形成真正的战略选择、策略路径、资源配置方案，视为"固态"模式，就可以进入执行和迭代阶段。

但是，如果采取不恰当的决策模式，在战略初始讨论时采用少数人在会议室听汇报的方式，就会大大限制信息的摄入量，降低战略的创造性和实操性；或者误用群策群力的方法，很多人热热闹闹地出谋献策后得出一个战略举措清单，但由于缺乏严谨的逻辑和对假想的验证，无法做出真正有意义的战略选择。

用来处理不确定性相对高的问题所需的**基于场景的标准决策流程**，与处理确定性高的常规业务问题所需的**标准业务流程**、处理大规模标准制造问题所需的**标准生产流程**相比，都是根据所要解决问题的性质设计出的规模化工作方法，让组织能在处理大量问题的时候保证效率和质量。

如果在实践中发现有的问题难以通过标准决策模式来解决，可以对其进行调整或者引入新的决策模式，不断迭代。

粗线条的绩效和激励体系

绩效评价和激励是稳定系统的重要组成部分，特别是当跨界协作优先于专业分工、赋能优先于管控的时候，如何通过激励让员工产生主动协作的意愿，就变得更加重要。敏捷组织通过在绩效考核中平衡过程与结果、个人与团队的关系，可以鼓励更多的创新、能力建设与团队协作。但是，在把这个理念运用到绩效考核和激励体系当中时，需要避免过度精细化，要尽量采用粗线条的方式，让团队聚焦在创造性地解决业务难题的工作上，而不是利益算计上。

如何理解精细化和粗线条？比如，在评价员工绩效时，把他全年的工作全部列出来，每项工作根据重要性和工作量设定一个权重，然后给每项工作的结果按百分制打分，最后的加权平均分就是该员工的全年分数。然后，再通过一种分数和奖金之间的换算关系，折算成奖金。这就是精细化的方法。而相对粗线条的方法，是把每项工作的结果按照"优秀、合格、不满意"三档评估，最后的绩效也分"优秀、合格、不满意"三种结果，奖金也只是分三档。

在这个问题上，奈飞公司采取了极致粗线条的方式，它取消了根据工作结果打分并符合一定分布规则的绩效评估，而代之以"员工留任测试"。管理者在评价下属时，会问自己一个问题：下属如果要辞职的话，我会强力挽留还是很开心地接受？如果答案是很开心地接受，那就要尽快请他走。奈飞的薪酬结构中，全部是工资而没有任何奖金，然而其薪酬总额是与市场最高总收入对标确定的。因此，留下来继续在奈飞工作并拿到行业最好的薪酬，就是对优秀工作的奖励。这可以说是一个"简单粗暴"的方法，但其内在逻辑是闭环的，是一种大道至简，这样大家就可以把注意力全部放在如何做好工作上。

过度精细化会给企业带来很多问题。

第一，过度精细化难以应对外部的不确定性。绩效和激励的精细化管理的基础假设，是稳定的业务和生产体系，每个人的工作可以进行细分。在房地产行业中，有的企业甚至把项目的每个小节点与标准计划相比，提前则奖励、落后则惩罚，然后计算出全年奖金。在面对市场情况的变化时，这些根据过去经验设计出来的工作细分很可能不是最好的方法，但是激励体系很难快速调整，因此无法鼓励员工根据环境变化做正确的事。更进一步的问题，是让员工逐渐陷入一种被动接受的思维习惯中，失去驱动力和学习意愿。用这种方式管理的企业，往往会在产品质量、创新、服务意识等各种需要一线员工用脑用心的工作上，出现很大问题。

第二，过度精细化是基于对人的错误假设。这种理念认为人是一种机器，只要调整外部输入的激励信号就可以改变人的行为和产出。其实人们可以有效处理这些外部信号的数量是极其有限的（也许3～4个），而且在业务场景中，需要把这些信号转换成行动和结果之间的因果关系，然后转换成个人的工作习惯，就更加困难。

第三，员工行为实际上是被全面激励影响的。在财务激励之外，还包括工作的使命感、对工作本身的兴趣、自我成长的可能性、对组织的文化认同和归属感等。如果从以终为始的角度来看，企业一定需要足够的优秀人才集聚起来才能离愿景和目标越来越近。不管是当期现金还是长期股权期权的激励，对于优秀人才来讲，在日常工作中都是保健因素，即财务激励的水平不能没有竞争力，但它不是优秀人才每天想去工作的理由。华为用"不让奋斗者吃亏"的说法，而不是"让奋斗者赚大钱"，其实就是让大家专注于艰苦奋斗打胜仗而不用担心被亏待的逻辑。

第四，过度精细化无法激励大家解决将来会出现的问题。最好的医生是治未病，但这类医生不会太有名有钱，而名利双高的医生也许是脑外科或心脏外科医生，因为治未病的价值难以评价而外科手术的价值容易衡量。类似地，在企业中老板更容易看到帮公司从坑里爬出来的人，而不是防止公司掉进坑里的人。愿意选择投入时间和精力去解决未来问题的人，其激励来源更多是带来使命感和责任感的"船长心态"，而不是当期财务回报。

第五，过度精细化会削弱高层直面问题的能力。在缺乏解决业务问题能力的时候，可能会通过精细化管理来解决意愿问题，以此试图实现业务结果。这种做法的长期后果是不断试图通过管理手段解决业务问题，导致业务问题不断积累，而管理者劳心劳力还感到委屈。

使用粗线条的绩效和激励体系时，要能在当前业绩和未来发展之间保持平衡。有很多研究指向同一个方向，那就是按照 KPI 考核和激励的传统方式，会让员工太关注当前业绩、按照既有的规则行事，而忽视了新的可能性和未来的发展。

美国组织激励专家 Neel Doshi 和 Lindsay McGregor 认为[35]，组织绩效由两部分构成，一部分称为战术性绩效，衡量企业在当前战略下的执

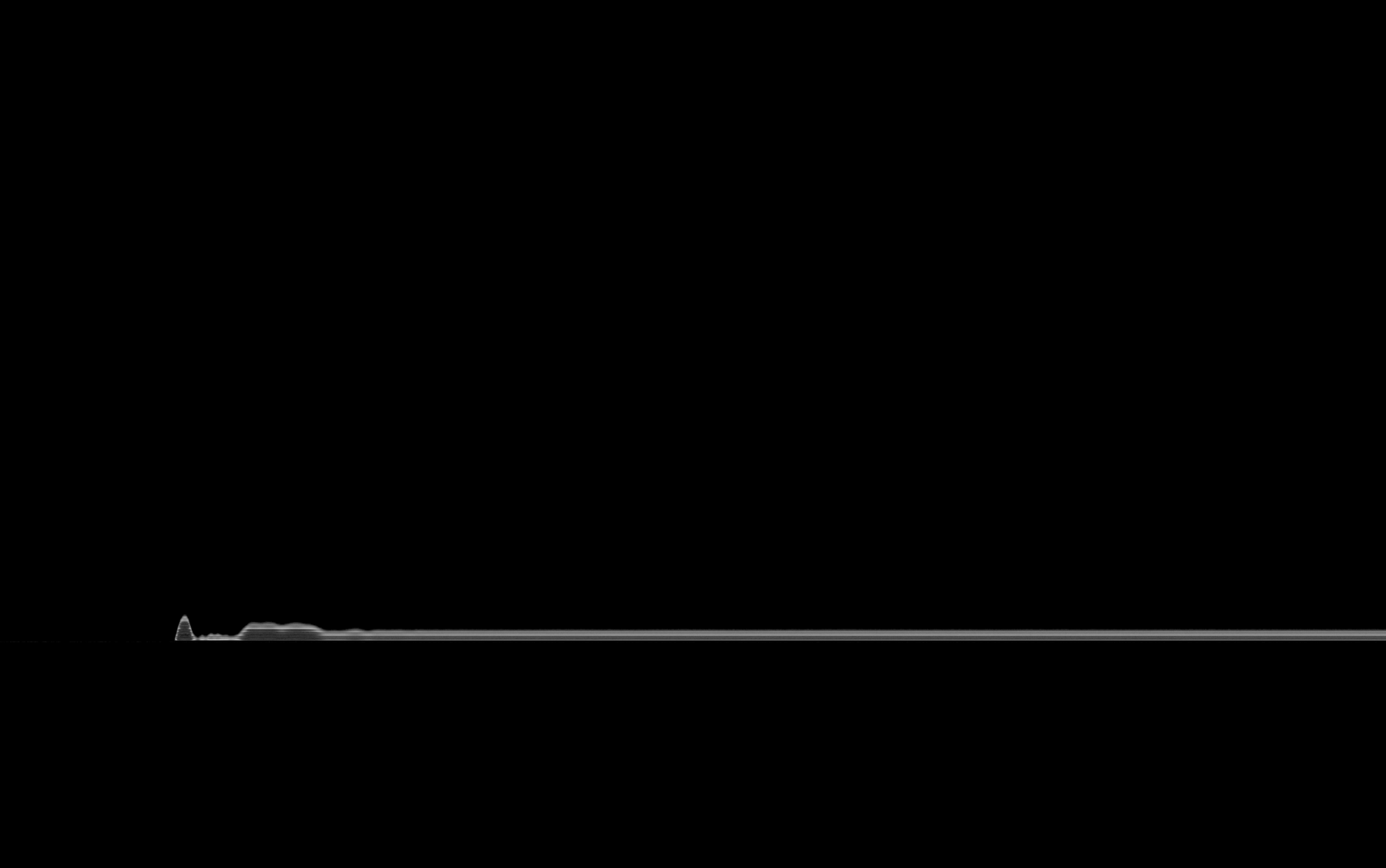

行能力，表现在聚焦和效率上；另一部分称为适应性绩效，衡量一家企业从当前战略脱离开来适应环境和进化的能力，表现在创造力、解决问题的能力、韧性等方面。如果战术性绩效的典型衡量指标是销售额、利润、费效比等，那么适应性绩效的标尺则是客户净推荐率、战略共识程度、员工敬业度、新产品销售占比、研发投入等。这两方面的绩效，也与本书提出的稳定系统和柔韧系统相对应。

03 第三部分

领导力与组织敏捷转型

敏捷组织需要分布式领导力。

在采用命令与控制的传统科层制组织中,领导力是高层的事情,而中层管理者更多的是负责把任务进一步分配下去并监督执行,员工层面则更多的是执行。对于市场环境、客户偏好、竞争动向等信息,从基层开始层层上传到高层来进行决策,然后再传达下去。

与传统组织相比,敏捷组织更以人为本,更强调通过团队动态解决新问题来达到灵活协作,而不只依赖通过固定流程实现稳定协作。一线团队要自主确定与组织整体战略和打法相匹配的目标,主动制定策略并执行,在需要专业、资源、方法论等方面的支持时,可以向集团、共享服务机构、其他团队请求"炮火"支援。其实,这对组织的领导力提出了更高的要求,总部职能、事业部、一线团队的负责人,都需要成为领导者才能让这个模式运作起来。

敏捷组织中领导者的角色和领导方式也与传统组织有很大不同。传统组织中,领导者是以命令和控制的方式,更依赖于用地位和权力带来的权威来实现其影响力,可以靠独有信息做决策来获得组织内的绝对认可,使被领导者更多向上负责从而弱化他们的横向影响力。而敏捷组织中领导者的角色是教练和环境营造者,通过营造一个鼓励真实、透明、平等、信任、专业、协作的环境让大家行动起来，结合解决问题能力、教练能力等非权力影响力来领导团队。

组织的敏捷转型必须与领导者的个人转型紧密结合。组织成长的底层是个人成长，高层领导者的成长边界就决定了企业的成长边界。我们每个人的行为都可以由四种驱动力来解释，即性、恐惧、爱、信念，它们组成了一个四元框架，这个框架可以用来理解具体场景中我们的行为，并帮助我们实现个人成长。（第10章）

传统的领导力模型注重对表现的评估，而缺乏提升的方法。领导动力飞轮理论试图从动力学视角，找到一种持续修炼并提高领导力的方法，来匹配敏捷组织持续迭代的逻辑。只有指数级增长的领导力，才能驾驭指数级增长的组织。（第11章）

企业从传统组织转型到敏捷组织，也需要遵循动力学思维，而不是静态的机械思维。首先要构建一个供决策使用的敏捷内核，然后在各种不同场景中不断使用，让越来越多的人、在越来越多的情况下使用共同的决策方法，用分形的方式实现转型。（第12章）

第 10 章

行为驱动四元框架

人性是任何组织模式和管理模式设计背后的基础假设。如果相信人性是恶的、自私的,就会在组织中更多地使用命令、监控、制衡等管理手段;如果相信人性是善的、合作的,就会在组织中更多使用协作、支持、信任等管理手段。但是,人性很难简单地用善恶来分类,过于简单化地处理复杂问题会限制我们的认知。在实践中,我们又必须使用相对简单的模型,才能在日常管理中快速捕捉到每个管理动作背后所依赖的人性假设,在讨论怎样更好地解决管理问题时有共同的基础。

在过去多年的战略和管理实践中,我逐渐构建了一个极简思维框架,作为理解人们行为底层驱动力的第一性原理:驱动力四元框架。

十多年前一个偶然的机会,我在美国听到一位在中东工作的英国人讲到,他认为人类所有的行为都是由性、爱、恐惧驱动的,而这三个维度彼此独立。这个没有科学解释的框架,后来成了我理解行为背后驱动力的"第一性原理"。几年前另一个偶然的机会,当我和几个人讨论这个框架的时候,其中一位把"性"误听成"相信"的"信"。几天后再想起这个误会,却让我意识到原来的框架需要扩展,可以把信念加入行为驱动元素中。

在多年的使用过程中,我逐渐把这个框架和进化心理学、脑科学等方面的研究联系起来并且不断测试它的合理性,发现它依然成立。随着科学研究不断解开一个又一个关于大脑、神经、激素等方面的谜团,这个框架未来必然会持续迭代。

驱动力四元框架

人的行为可以由性、恐惧、爱、信念四种驱动力元素的组合来解释(见图10-1)。性、恐惧、爱来源于我们的动物性,而信念则为人类所独有。性、恐惧和爱,是人类作为动物能把基因传递下去的必要手段。

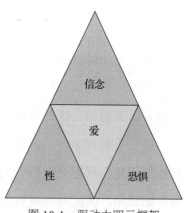

图10-1 驱动力四元框架

性

在性激素的催动下,男人和女人互相吸引,通过性行为把双方的基因在受精卵中结合起来,开始了下一代个体的成长旅程。

从群体进化策略来看,让群体中更优秀的基因获得更多的传播机会,是提高一个物种在生态系统中竞争力的最优策略。比如,在大多数灵长类动物社群中，部落首领会通过占有更多的雌性来传播自己的基因。人类社会开始时并不存在一夫一妻制，后来因为某些社会原因使得一夫一妻制逐渐形成并成为主流，但到底是什么原因导致的这种变化，目前还未达成共识。一个可能的解释是，一夫多妻制会导致社会中的弱者失去繁衍机会，但随着武器技术的发展，强者和弱者之间原本悬殊的力量对比逐渐缩小，弱势群体可以使用武器与强者争夺性资源，从而增加社会动荡程度。因此人类社会逐渐演化出一夫一妻制，来平衡传播优质基因的需要和暴力冲突带来的负面效应。

作为一种驱动力，性在日常行为中的体现并不局限在性本身，可以是喜欢美色，也可以是旺盛的权力欲、喜欢做带头大哥、一言堂、易嫉妒、热衷外表等。而当性动力不足时，可能会表现出缺乏进取心、不愿担责等行为。

恐惧

恐惧感能让我们感知到潜在的危险，然后迅速采取应对策略来避免受到伤害。恐惧是提高个体生存概率的一种生物算法。

在感知到致命危险时，人会通过大脑中的杏仁体产生条件反射，形成战斗、逃跑、呆滞三种应激反应策略。在获胜的可能性高的时候，采用战斗策略，肾上腺素促使心跳加快，提供力量并减低痛觉敏感度，准备和敌人搏斗；在获胜的可能性低的时候，采用逃跑策略，避开敌人、逃离危险处境；在没有获胜可能的时候，采用呆滞策略，呆若木鸡甚至晕倒，这时心率和血压都会降低，在被猛兽咬伤的情况下可以降低失血速度，提高生存概率。

这种动物性的感知机制和应对策略一直延续到现在。虽然我们现在很少需要直接面对猛兽，或面临生命威胁，但在面对让我们感到危险的情况时，就会触发恐惧算法，比如别人挑战我们的观点、业绩不达标、加入一个新团队、学习一项新技能等。出于生存需要，我们不断扫描周围环境，试图识别各种危险信号。美国加利福尼亚大学伯克利分校的一项心理学研究发现，在进入大脑的各种信息中，90%是负面或危险的信息，10%是积极或安全的信息。[36]

典型的由恐惧驱动的行为包括胆小、吝啬、贪婪、找借口、不敢表达、缺乏担当等。而当对恐惧不敏感时，可能会表现出行事鲁莽、缺乏敬畏等。

爱

我们会在很多情况下用"爱"这个词，导致它有各种不同解释。但最可能贴近生物本能的定义是：愿意为另一个人的利益而付出的一种情感或行为。一个人从出生到具有独立生存能力，需要经过多年的成长。在这个过程中，父母对孩子的照顾会大大提高下一代的生存机会。父母甚至能为了孩子而牺牲自己，来让基因能够传递下去。这种意义上的爱，是一种提高基因延续概率的生物算法。

生物界还有另一种生存概率算法，比如多春鱼通过大量繁殖，让后代数量多到天敌吃也吃不完，那么就会有一些小鱼活到成年，然后再产生下一代。这种策略就不需要用爱来呵护后代，所以用"冷血动物"这个词来描述没有爱的人，是非常有洞察力的一个比喻。

在社会生活场景中，对于其他类似于这种情感的体验，人们也会选择用"爱"这个词来描述，比如"热爱艺术"（愿意为艺术付出）、"爱运动"（愿意为运动付出）等。用"付出"做标尺，就很容易区分喜欢和爱。

典型的由爱驱动的行为包括利他、保护欲、心甘情愿等，而当缺乏爱的时候，就会有自私、冷漠等行为。

信念

爱、恐惧、性三种元素起源于我们的动物祖先，并非人类独有，而信念，作为驱动人们行为的第四元素，则为人类所独有。

与动物相比，人类最为独特的是对未来的想象和规划能力，它会影响当下所采取的行动，比如对健美身体的想象可以帮助人类改变健身和饮食习惯。脑科学研究发现，人类做理性决策时，由大脑前额皮质发动。前额皮质属于人类大脑在进化上相对现代的结构，它负责规划、抽象思维和解决复杂问题。冲动决策的部分则是由大脑的边缘系统发起，它又被称为"蜥蜴脑"，主要负责控制人类对危险、性行为及其他与生存密切相关的活动。我们每个行动背后的决策，都是理性决策系统和冲动决策系统之间博弈的结果。

王阳明曾经说"破山中贼易，破心中贼难"，心中之贼就是指人的私欲、贪欲、恐惧。所谓修炼，就是让冲动决策系统受到理性决策系统的制衡，强化心中的善念和爱，尽量不要被性和恐惧左右自己的行为。王阳明心学的一个基本概念"心即理"，便是讲内心的改变要先于外部行动。

如果驱动力四元素配比中信念严重不足，表现出来的行为会包括缺乏远见、只看眼前利益、用下半身思考等。

四元框架的应用

性、恐惧、爱、信念,这个四元框架可以用在很多情况下,用来理解行为背后的原因,设计激励机制来引导行动,或者判断个人或组织的发展轨迹。下面是几个四元框架的应用示例。

成长型思维与战胜恐惧

对拥有成长型思维的人来说,世界上的各种挑战,都是为了让自己学习、成长、变得更强大,而对固定型思维的人来说,世界由各个考察自己能力的考试构成,失败意味着自己不够好。

用四元框架来看,表现出固定型思维的人,是被害怕失败的恐惧所主导,所以发明出一个又一个借口,从而不需要去面对可能的失败。而在成长型思维的底层,信念和性会是主导元素。信念让人能够想象到,通过从失败中学习可以变得更强大,同时,更强大的自己能获得更高的地位、更多的资源。好消息是,成长型思维是可以后天习得的,通过想象到成长后变得更为强大,强化信念的力量,来战胜恐惧。

奖励与惩罚,创造与执行

在设计组织激励机制时,往往要在奖惩之间做选择。用四元框架来看,惩罚是通过提高恐惧来影响行为,而奖励则是通过降低恐惧、激发成就感(性动力)来影响行为。

那么,惩罚和奖励的应用,在组织里有没有一种最佳配方呢?这就要看组织的战略、业务及管理模式了。一家采用成本领先策略的企业,往往会采用高度标准化来降低成本，最有效的管理方式是让员工按照固定流程和标准去执行。这时候，诉诸恐惧的惩罚可能更有效。但是，如果一家企业采取差异化竞争策略，就需要企业有很强的创新能力，那么多奖励少惩罚则更有效，通过降低恐惧、容忍失败让员工更愿意去尝试新做法。

这也是产业链分工的逻辑之一，如富士康和苹果，富士康擅长大规模人力密集型制造，而苹果擅长研发和营销。管理背后的素质模型、激励机制、文化有巨大差异，很难在一家企业中共存。当然，未来当机器人代替人去完成大量重复工作后，这个逻辑将会改变。再如，当房地产开发商进入文旅产业时，在传统房地产业务中采用成本领先大规模复制策略的企业与采用差异化产品策略的企业相比，前者就会突显出先天劣势。

在创新这个问题上，实际情况要比激励机制的设计更为复杂。很多研究表明，几乎所有组织都会鼓励创新，但实际上并不喜欢真正的创新者。[37] 为什么会这样？创新者喜欢不守常规、难以捉摸、喜欢游戏，不容易被控制，而绝大多数管理者更喜欢规矩和控制，这是由人类生存本能决定的，因为失控感会带来巨大的恐惧。因此，在组织中要想真正鼓励创造力和企业家精神，实际上是一件非常反人性的事情。领导者只有克服自己的恐惧，才能建设一个真正能创造出新事物的环境。如何克服恐惧？首先要按照第 4 章的理念，使用一些方法提高生存概率，在能活着的前提下进行适度创新。

企业家精神和第五级领导者

企业家精神有很多定义，但核心词都会包括创新，此外还有想象力、冒险、韧性等。企业家精神也可以用四元框架来解构：性动力是推动自己不断超越别人，获得更高社会地位的原动力；爱会驱动企业家去创造对他人有价值的产品；信念带来想象力和韧性；当性、爱、信念的力量大大超过恐惧时，企业家就会更敢于冒险、敢于打破常规。

性和信念这两个元素，在领导者行为中有着复杂而微妙的互动关系。优秀的领导者具有强大的生命力，而生命力旺盛的一个生理原因就是较高的雄性激素水平。在男性主导的组织和社会中，雄性激素会推动领导者不断挑战自己、超越竞争、取得成功，同时也会让这些领导者有更高的性需求。俗语所说的"男人有钱就变坏"，其背后逻辑是较高的雄性激素水平会同时驱动更强的性需求和成就动机。但是，如果领导者不能管理好自己的欲望就会产生很多问题，如放纵、简单粗暴、一言堂等。为解决这类问题，需要通过社会规则（恐惧）和个人信仰来制衡性动力，比如，对性骚扰零容忍、禁止与下属谈恋爱等企业规则，或者通过宗教、禅修等途径练习管理欲望。

用四元框架也可以很好地解释吉姆·柯林斯在《从优秀到卓越》中指出的第五级领导者风格。柯林斯把领导者分为五个级别，其中，第五级为最高级。第五级领导者是企业从优秀变为卓越的必要条件，没有第五级领导者，这种转变不可能发生。

第五级领导者谦逊无私、尊重下属，且具有顽强的意志，能带领同人勇往直前，实现卓越的组织绩效。他们最看重的是企业的成功，而不是个人的成就，公心大于私心；他们都不爱抛头露面，习惯于保持低调；他们在成功时给别人荣耀，失败时主动担责；他们会选择极其优秀的继任者，让企业未来更成功。相反，第四级领导者则以自我为中心，更关注怎样实现自我价值，往往无法帮助企业实现持久的卓越。

在四元框架下，第四级领导者的核心驱动力是性，而第五级领导者则通过信念和爱（利他）来战胜恐惧并平衡个人欲望。第五级领导者能够为组织和他人的利益而放低自己的身段，体现了爱和利他；第五级领导者的执着和勇敢，体现了他对未来愿景的信念。

我们可以推断，不革自己的命、不脱两层皮，一个第四级领导者无法转变成为第五级领导者。

与男性领导者不同，女性领导者的驱动力也许更多地来源于爱和恐惧，而不是性动力。母爱是人类最伟大的爱，在新生命诞生时，母亲需要忍受剧痛，甚至有可能让自己付出生命的代价，而孩子在出生后也因为有母爱才得以健康成长。由于女性在生育和抚养后代的过程中付出的努力和承担的风险远高于男性，因此在两性关系中更需要有安全感（更少的恐惧）。

在现代社会，技术的发展让成功更多地依靠智力而不是体力，在全球范围内，更多女性有机会成为创业者、企业家、企业高管和政府领导者。与男性领导者相比，女性领导者更有同理心、更稳健、更有韧性。男性需要通过信念和规则来平衡性动力使自己成为更好的领导者，而女性领导者也许更需要通过信念和爱来平衡恐惧使自己成为更好的领导者。优秀的领导者往往需要练就"雌雄同体"的心理特质，在四种驱动力上做到更好的平衡。

延迟满足与权力欲

延迟满足是指为了未来有更好的收获，可以牺牲当下的享受，相反，即时满足是指为了现在的愉悦可以牺牲未来。现在越来越多的企业家关注长期主义，而长期主义的基础在心理学上就是延迟满足。

斯坦福大学教授沃尔特·米歇尔（Walter Mischel）在20世纪60年代研究了学龄前儿童对诱惑的抗拒。研究人员给四岁左右的孩子发棉花糖，告诉他们有两个选择，一个是随时可以跟大人要一块糖，另一个是等待15分钟，大人回来后可以拿两块糖。对这些孩子的跟踪研究发现，当他们成人后，当时能等15分钟（延迟满足）的人在很多方面都优于即时满足的那些人，包括学术、社交、心理健康、身体健康、收入水平等。对延迟满足的后续研究发现，人的年龄越大，延迟满足能力越强，同时女性比男性有更好的延迟满足能力。[38]

延迟满足能力的高低，是大脑中理性决策和冲动决策博弈的结果。理性决策由大脑前额皮质做出，而冲动决策由边缘系统做出，前者的发育要慢，所以年龄越小越难做到延迟满足。而女性可能是由于对孩子的爱和抚育，更能频繁地锻炼大脑前额皮质部分。

延迟满足是更发达的大脑前额皮质的一种表现形式，大脑前额皮质表现的底层能力是进行理性分析、想象未来、规划策略的能力，对时间和因果关系有更好的理解。延迟满足对应的是四元框架中的信念。而边缘系统控制冲动决策，处理危险、性等与生存相关的决策。位高权重的人，如果性的驱动力太强，日常中往往期望他的要求被马上执行、愿望立即得到满足，边缘系统会越来越强，大脑前额皮质由于锻炼不够而逐渐处于弱势，理性决策能力就会相应减弱。那么，对于复杂、长期的问题，被边缘系统"绑架"了的领导者，就很难做出正确决策，造成重短期轻长期的后果。所以，我们平常所说的"权力让人变傻"，是个科学问题，而不是道德问题。

按照上面的逻辑，如果一家企业希望走长期主义的路线、鼓励延迟满足，就需要最高决策者放下身段，有权力但要慎用、有能力但要敬畏，尊重下属、不急不躁，在此过程中让理性系统不断强大，就更能理解因果关系和时间的作用。此外，在核心高管团队中提高女性占比，也可能提高长期主义决策的概率。如果我们不了解四元框架以及背后的道理，就很难把权力欲、女性高管占比和长期主义联系起来。

感知与平衡

一个人在某个阶段的四元素构成大致是稳定的，因为它们可以驱动外在的行为，所以，可通过观察一个人在一些场景中的行为来推断这个人的四种元素"配方"，进而预判此人在其他情况下的行为表现。

我们可以使用四元框架对领导者和核心团队进行判断。比如，当观察到一位领导者只关心能赚多少钱而不谈对客户的价值，大概可以推断他是以性和恐惧驱动的（贪婪，本质上与恐惧和性相关）。爱和信念的缺失，难以成就长期企业。

四种元素并没有好坏之分，但它们的不同配比会驱动不同的行为。某种元素极端高或极端低都会让我们失去平衡（见表10-1）。

表 10-1　用驱动力四元框架解读行为

元素	比例极端高时（举例）	比例极端低时（举例）
性	放荡的国王	生无可恋的懒人
恐惧	听话的奴隶	不怕死的莽夫
爱	佛陀、特蕾莎修女	我死以后哪管洪水滔天
信念	不落地的理想主义者	极端的现实主义者

四种元素如果能保持相对平衡的状态，特别是当爱和信念把性和恐惧的力量引导到积极状态时，就是一种中正的状态。最近几年西方管理实践中提出的正念领导力，其底层逻辑其实就是这样的中正。

著名心理学家、心流理论创始人米哈里·契克森米哈赖（Mihaly Csikszentmihalyi）认为具有创造性的人会同时拥有彼此冲突的气质，他识别了十对这样的气质：活力与沉静、聪明与幼稚、喜玩乐与守纪律、幻想与现实、内向与外向、野心与无私、保守与反叛、谦逊与自豪、激情与客观、敏感与冷静。[39]这些互相冲突的气质让创造者不拘泥于定势，在左右互搏中寻找并打磨想法。同时，这种内心的冲突也让创造者在情绪上容易产生波动，特别是在非主流、非共识的创新常常得不到理解和支持，创造者被孤立、被嘲笑的时候。

优秀的领导者也是一位创造者，其创造的产品就是优秀的团队、优秀的组织。领导者必须能够管理这种情绪波动，才能走出一条别人没走过的路，超越平均、创造卓越。

四元框架能帮助我们觉察并管理情绪。研究发现，在头脑中出现一个想法后，用不到1毫秒的时间（我们常说的一刹那相当于18毫秒），我们就会把这个念头与一种情绪连接起来。[40]如果这种情绪是由恐惧衍生出的负面情绪，往往需要很大的力量才能扭转过来。如果一个人想要改变习惯，可以通过培养更好的自我觉察，意识到念头与情绪之间的那1毫秒间隔，然后就有机会把负面情绪置换为中正状态，就可以影响决策和行动。

想象头脑中有两个自己，一个是思考者，负责思考和决策；另一个是观察者，从超脱的视角观察思考者的念头。观察者不能占用太多的大脑算力，就像电脑的各种监控程序不能占用太多 CPU 一样。四元框架非常精简，可以让观察者能够很快识别念头和情绪，大大降低计算量和反应时间。当一个人能够觉察到起心动念，然后正视它时，就是改变的开始。

比如，在一个高情绪的激烈讨论场景中，可能会心跳加快、呼吸紧张，如果应用四元框架，我们头脑中的观察者就能很快觉察到自己在被恐惧驱动，这时就可以提醒自己调高其他驱动力来稀释恐惧的力量，这种提醒可以是让自己想到这个决策对企业未来的重要影响、高质量的决策可以让团队少做无谓的付出或牺牲。

有些看似不相关的活动，可以锻炼人们对四种元素的识别和应对。比如，日本剑道中的"一刀流"，讲究一击必杀，瞬间决定生死。如果心有恐惧，在出击之时则必会犹豫，反被对手斩杀，因此必须无惧才有生机，正所谓向死而生。通过剑道、禅宗、冥想等练习，可以学到心无杂念的法门，在其他场景下也能更好应对恐惧、贪婪等力量。

平衡好性、恐惧、爱、信念，每一位领导者都可以塑造出更好的自己。

第 11 章

领导动力飞轮

领导力在组织中很受重视,但往往大家很难讲清楚它到底是什么、怎么发展,关于这个问题仁者见仁智者见智。美国前国务卿基辛格认为"领导就是要带领他人,从他们现在的地方,去还没去过的地方";管理大师彼得·德鲁克认为"领导者的唯一定义就是有追随者的人";毕生研究领导力的沃伦·本尼斯(Warren G. Bennis)认为"领导力就像美,它难以被定义,但当你看到时,你就知道";而《孙子兵法》则认为优秀的军事领袖具有"智、信、仁、勇、严"五个特质。

很多领导力理论往往只告诉我们优秀领导者的行为是什么。基本上每年都有关于领导力的新书问世,提出新的领导力模型,包含 5～10 个不等的维度,然后在每个维度下通过一系列小故事来介绍成功领导者是怎么做的,希望读者能够从案例中学习这些领导力。在由詹姆斯·M.库泽斯(James M. Kouzes)和巴里·Z.波斯纳(Barry Z. Posner)所著的

《领导力》[41]一书中,通过全球问卷调查"在愿意追随的领导者身上最希望看到和最敬佩的七种品质",发现大多数人愿意追随具有这四种品质的领导者:诚实、有前瞻性、有胜任力、能激发人。而优秀的领导者会体现出五种行为:以身作则、共启愿景、挑战现状、使众人行、激励人心,这些行为是品质的外在表现。

很多大企业会请咨询公司来帮助定制自己的领导力模型。咨询公司的一般做法,是使用本公司长期积累的领导力素质词典,一般包含几十个素质词条,如战略思考、系统思维、以客户为中心、创新、自律等。通过访谈、工作坊、投票等形式,从中选择7~10个来构成这家企业的领导力模型,本企业领导者要在这些维度上有优秀的表现。这个模型可以用在招聘、考核、晋升、培训等方面(见表11-1)。

表11-1　素质模型词典示意

全局观念	信息分析	战略思考	制度构建	创新
市场导向	学习发展	客户为中心	激励	培养他人
授权	团队整合	公关能力	沟通协调	计划推行
业务支持	成就导向	内省	系统思维	自律
责任心	组织认同	诚信	适应力	行动力
自信	开放	前瞻	进取	敬业
关注细节	绩效导向	排除疑难	识人用人	市场分析
统率	团队合作	语言表达	执行	执导监控

这种"拼图式"领导力模型,在招聘和考评时,通过模型建立起面试打分表或领导力评价表,效果还不错。但在人才发展时,用模型来测评每位领导者,根据每个维度上得分与目标的差距,来定制发展和培训计划,效果就差强人意了,甚至可能出现"领导力是培养不出来的"观点。问题出在哪里?

领导力发展的悖论

这种通过拼图式领导力模型来发展领导力的方法，有三方面问题。

第一，把评估人和发展人两个问题混在一起。两者之间的关系相当于结果和过程之间的关系，评估结果与提升结果，需要不同的方法。用一个类比可以帮助我们理解这个观点，即评价公司和经营公司的区别。股票分析师从外部来看一家公司的时候，可以通过多维度进行分析评价（比如净利润率、ROE、负债率、增长率等），然后看哪些公司做得好、哪些公司做得不好。但是在经营企业的时候，企业家和管理团队思考的是使命、愿景、业务模式、战略与执行、风险管理、文化、协同方式、激励机制等维度。两者需要用不同的体系和方法。同样道理，用来评估领导力的框架也不适合用于发展领导力。

但是，这种把招聘、评价、发展用同一套理论框架贯穿起来的做法，更具形式美感和专业感，容易让人相信和接受。比如，在评价高管表现出来的"前瞻性""胜任力"时，是相对容易评价的。但是应该如何培养前瞻性和胜任力？这就必须要理解前瞻性和胜任力到底是怎样形成的，或许这两种看似不同的能力，本来就是基于同一种底层能力的两种不同表现而已。

第二，把人当成机器而不是生物。在看拼图式领导力模型时，我们很难感受到真正有血有肉的"人"。把大量不同人的行为特征总结后，分解成几十个标签，然后由高管们挑选出少数几个标签，用这些标签（更像是零部件）"组装"出一个"理想领导者"。但是，这种机械的思考方式无法帮助我们理解，领导者作为一个有血有肉的人，如何从一张白纸逐渐成长为与这些领导力素质标签相匹配的人。同样，也无法设计出未来能让他人在这些方面变得更好的方法。

彼得·德鲁克曾表示，企业中"没有营销问题，没有财务问题，没有会计问题，只有业务问题"。关于人的问题也是如此。用传统思路解决企业或领导力问题的时候，把一个大问题分解成很多小问题，认为解决一个个小问题后，大问题自然就得到了解决。这种思维是有缺陷的。在理解生物体的特性和互动时，需要考虑二阶效应，不能使用机械思维。

第三，缺乏领导力和业绩之间因果关系的研究。研究领导力的原因，是企业希望通过它来实现更好的业务结果。因此一个非常重要的问题是，在众多领导力素质中，哪些对企业绩效真正重要、哪些只是锦上添花？通过问卷调查和会议研讨建立起的领导力素质模型，到底和业务结果之间有什么关系？

这些模型虽然具有一定程度的现状解释能力，可以告诉我们好的领导者具有哪些特质，但缺乏创造未来所需要的行动指导能力，很难告诉我们怎么做才能让更多人变成好的领导者，导致知道和做到之间产生巨大鸿沟。

错误的方法得出错误的认知，错误的认知产生错误的行动。如果用评价领导力行为的方法来发展领导力，自然就培养不出来领导力，因为用错了方法，从而验证了"领导力是培养不出来的"这样的观点。按照这种错误的逻辑，企业为提高领导力，只能更依靠外部招聘，进入恶性循环。

那么，有没有更好的办法呢？

理解领导动力飞轮

麦肯锡在2015年发表了一项研究结果，通过对近20万人的调研，研究常见的20项领导力素质对组织和业务结果的影响。结论是：20项素质类型中的4种最重要，可以解释领导力出众和欠佳的组织之间约90%的差距。这四种素质分别是支持他人、以极强的结果导向来经营、寻找不同观点、有效解决问题。

那么，这份基于大样本研究的结果，是否恰好揭示了领导力的秘密？通过长期的观察、对照、思考和实践，我认为是的，至少在没有更好的模型之前。这四种素质具有第一性原理的特点，是众多领导力素质的来源，可观察、可解释、可练习、可提升。我把这四种素质的文字描述稍做调整后，称之为**领导力源素质**，他们构成了具有生命力的"领导动力飞轮"。

这四种源素质是**解决问题、结果导向、寻求异见、成就他人**（见图11-1）。其中，解决问题、结果导向、寻求异见是领导动力飞轮的旋转部分，而成就他人是飞轮的主轴，让飞轮有自己的价值定位。这四个部分互相强化，持续练习就可以提升个人领导能力。拼图式领导力模型使用的素质，可以称为**表层素质**，是在飞轮驱动下由内及外生长出来的，也会自然改善。这种"自然"，来自人的心、脑、体之间生来就有的自我协调能力。

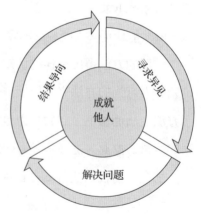

图 11-1　领导动力飞轮

领导者从管理自己、管理团队到管理大组织，复杂度呈指数级增加，而领导动力飞轮由于建立在深层、稳定、互相强化的一组能力上，让领导力也能以指数级的方式发展。只有用指数级增长的领导力，才能驾驭指数级增长的管理复杂度，让企业家和领导者在角色转换中从容自得。

领导动力飞轮的四种源素质，与敏捷组织所强调的现时现地协同解决复杂问题的能力深度匹配，是敏捷组织得以运行的动力来源。

我把这个模型称为领导动力飞轮，而不是领导力飞轮，是因为它解决的是领导力"如何做"的问题，而不只限于"是什么"的问题，是动力学思维而不是静态思维。用静态思维理解一个问题容易导致机械化、理想化，知易行难；而动力学思维是解决如何从一个状态到另一个状态的问题，必须要能产生行动。

解决问题

解决问题是领导力的核心，这个观点不证自明。带领团队打胜仗，解决他人解决不了的难题，永远是领导者的核心价值所在。

我们常把解决问题当成一种结果，如"不能光说不练，一定要解决问题"。实际上，解决问题是一套方法论，解决问题能力是如何使用方法论来实现结果的能力。不能持续重复的能力只是运气，而职业选手与业余选手的差距就在于稳定性。以麦肯锡七步法为代表的通用方法论，可用来解决很多类型的问题，其底层是结构化思维和系统思维，把大问题分解为小问题、建立假想然后证明或证伪、在过程中平衡收益和成本，然后形成解决方案。这类通用方法论也在不断创新，比如解决高度不确定性问题的方法、解决复杂性问题的方法等。

专业方法论是在通用方法论基础上建立的细分，如六西格玛方法是针对标准化重复类工作优化的专业方法论。但如果使用范围超出其专业边界，就会产生问题，比如，2002 年通用电气老将麦克纳尼去以创新见长的 3M 公司担任 CEO，全面推行六西格玛方法（包括研发职能），最后导致新产品销售收入占比在五年内从 33% 降到 20%，削弱了 3M 公司的创新能力。

随着领导者的成长，会面临越来越复杂多变的问题，解决问题的能力越来越重要。美国芯片制造商 AMD 的 CEO 苏姿丰（Lisa Su），2014 年开始担任一把手，几年间把一家濒临破产的公司扭转为成长和盈利双高的企业，股价从不到 2 美元增长到接近 60 美元，她在 2019 年成为全美薪酬最高的 CEO。在问到她自己作为领导者的特点时，她说："我的特点是有决心，只要全力投入，没有解决不了的问题。"[42]

把任何难题都看成可以去定义、分析、解决的问题，不断练习精进，就可以慢慢把这个过程变成下意识的习惯，并乐在其中。

结果导向

结果导向经常被解读成根据业绩进行奖惩，使命必达，但这是一种很片面的理解。

结果导向有两层意思。一是以终为始，先对未来有想象、有愿景，定下未来要实现的目标，实事求是地审视当前的状况，然后用解决问题的方法，做出从当下到未来的路径图和资源需求。这其实就是定策略的能力。二是使命必达，根据之前定下来的路径和计划去执行，实现目标。但是，人算不如天算，过程之中一定会有想不到的新问题，这时候就要凭着对目标的渴望，拼体力、脑力、心力，跨过这些坎儿。

这两层能力要在领导者身上合二为一，计划和执行紧密结合，在外部环境出现大变化时，能及时调整计划和路径。出现更好的机会时，要能制订更高目标，不小富即安；外部环境极不匹配时，要能降低或转移目标，不一条路走到黑。这种随机应变的能力，就是"有计划的机会主义"，它需要领导者有强大的系统思维能力。随机应变也需要用到领导动力飞轮的另一个源素质——寻求异见。

寻求异见

主动寻找不同意见，不在主流领导力素质词典中，但却是科学思维的重要部分。

用科学思维解决问题的一个关键方法，就是针对问题建立一种"假想"并通过事实、数据和分析来证明或证伪，从而让决策质量更高。十多年前我做咨询的时候，曾为一家全球顶级投资机构评估一个项目，基本结论是建议投资，但在报告的最后，用一页纸列出了反对这个投资的几个可能的理由。从此以后，这家机构要求内部所有项目评估都要有这样一页内容，确保投委会能看到反面论点，让决策更全面。

大多数人只希望看到自己想看到的和想要的现实。主动寻求异见，则是让领导者抵抗这种自我证实的诱惑，压力测试自己的想法，甚至改变自己原来的想法。优秀的投资家善于根据新信息不断调整自己的观点，而不会为了证明自己正确而选择性失明，死要面子不要钱。这个道理也适用于优秀的领导者。曾国藩为了能听到实话，高薪请了几个不愿当官的幕僚，负责讲其他人没法讲的实话，相当于华为的"蓝军"、有授权的反对派。

孟子讲"闻过则喜"，但几乎所有人都做不到。通过主动寻求异见，能让我们在拥有掌控感的心理状态下听取不同观点，锻炼自己控制恐惧感的方法。在被动听到批评的时候，刚开始心里可能不舒服，但会很快把思维切换到"不需要自己费劲去寻求，异见就自己来了，太好了"！

一个能寻求异见的人，必定内心开放，具有成长性。领导动力飞轮因此可以不断从外部吸收新认知、新能量，逐渐变大变强，从而驱动领导者的持续成长。

解决问题、结果导向、寻求异见三个源素质，互相强化，形成飞轮效应。只有在结果导向下解决问题，才会让方案更具可行性，而解决问题能力提升后，会让领导者设立更高的目标。解决问题中的结构化思维和科学思维框架，可以让不同意见以理性的方式，进入到整体思考中。同时，寻求异见会让解决问题的过程更扎实，也能产生出创造性的方案。

成就他人

成就他人是一种长期价值取向，在领导动力飞轮中处于主轴的位置，为其他三个源素质赋予意义。

把成就他人作为主轴的是价值创造型领导者，而把成就自己作为主轴的是价值攫取型领导者。优秀的组织，更确切地说是组织在优秀的那个阶段，需要有更多价值创造型领导者。依照德鲁克的观点，一个领导者是被他的追随者所定义的。因此，领导者要成就他人，最直接的就是先成就追随者，带领团队去取得胜利，让他们获得荣耀和回报。

现实中也能看到一些身居领导角色的人，善于利用下属而不是成就他们，似乎干得也不错。这背后是一个长期和短期利益的选择，因为成就下属的领导者能有更多追随者，更能获得长期成功。

随着领导者的成长，成就他人会有更丰富的内涵，如成就企业、成就合作伙伴、成就社会等。长期以成就他人要求自己的领导者，经过多年修炼利他的心态和习惯，容易实现从管理小组织到管理大组织的角色转换，甚至可以管理社会型组织。

与寻求异见一样，成就他人也具有开放性和生成性，以外部视角定义自身价值，便能从外部持续吸收信息和能量，让飞轮成长。不管是中国企业家发愿为中国强盛做贡献，还是儒家所讲的修身齐家治国平天下；不管是美国新教伦理认为工作是为了荣耀"上帝"，还是日本企业家稻盛和夫的敬天爱人，都是以终极外部视角来定义自身的价值。

解构领导力表层素质

我们平时经常谈及的一些领导力表层素质，它们能否从动力飞轮的四项源素质产生出来呢？目前的结论是肯定的，与任何理论一样，这会是一个持续证明或证伪的过程。下面是一些例子：

沟通协调≈解决问题+寻求异见。有效的沟通协调，应该基于解决问题，而不是为沟通而沟通。寻求异见，可以让我们在沟通中主动倾听他人的想法，让沟通更有效。日常工作中我建议大家少使用"沟通"这个词，因为它缺乏结果导向。

创新≈寻求异见+解决问题+结果导向。寻求异见让人保持开放，而开放是创新的基础。但是，光有新想法不行，要把想法变成现实从而实现价值，就需要结果导向和解决问题能力。物联网发明者凯文·阿什顿（Kevin Ashton）在《如何让马飞起来》一书中，总结历史上关于创新的各种研究后指出，创新的过程其实就是一种解决问题的过程，平凡而枯燥的工作产生不凡的结果。[43] 但是，如果只把"创新"当成一个结果来看，就无法解构或建立这种过程。类似之前所讲，如果我们把"解决问题"只当成一种结果而不是一种过程，尽管有其专业的方法，也只能评价而不能发展这种能力。

以客户为中心 ≈ 成就他人 + 结果导向。成就他人体现的是对自身价值的理解，而企业的价值最终是由客户定义的；结果导向是在明确为客户创造价值后，让我们所做的其他事情更能围绕这个目标来做。

拥抱变化 ≈ 寻求异见 + 结果导向。如果一个人能主动寻求不同意见，为了让最终的结果更好而能让自己不舒服，其内心一定是开放的，会拥抱变化。

坚韧 ≈ 结果导向 + 解决问题 +X。在以结果为导向时，如果愿景和目标明确，解决问题能力强，那么在面对挫折时，就可以紧盯目标，把挫折当成一个新的待解决的问题，一计不成再生一计，一次不行再来一次，死磕。X可能会受一些先天或环境因素的影响。

同理心 ≈ 成就他人 + 解决问题 +X。如果心里想着成就他人，就会从对方的角度去想问题，但最终要帮助他人解决问题，这是最高的同理心。X可能是自己与对方关于过去经历的共鸣。

制度构建能力 ≈ 解决问题 + 结果导向 + 成就他人 +X。构建制度是为了解决管理问题，而不是为了制度而制度。常见的问题是管理者通过构建制度来管控风险，但由于过度管控造成组织缺乏活力，受自身角色所限，无法以成就组织、结果导向为目标和思路来做制度。X是一些关于制度构建技能方面的内容，需要专业训练。

大家也可以尝试以这个方式去解释其他表层领导力素质，来不断测试它的解释力和行动指导能力。同时,领导动力飞轮在跨地区文化、跨行业时也适用。

麦肯锡当时的分析是基于全球81家企业样本,覆盖亚洲、欧洲、北美洲、南美洲。根据过去多年我用领导动力模型对中国领导者的近距离观察、对全球一些优秀企业经验的理解(如华为的任正非、优衣库的柳井正、桥水基金的瑞·达利欧,他们是把企业内部的文件共享到外部,而不是写自传,更具真实性),这个模型也有非常好的解释能力。

从动力学的视角看,领导动力飞轮和领导力表层素质的关系,类似第2章介绍的企业算法与管理策略、管理体系之间的关系,也有三个层次(见图11-2)。

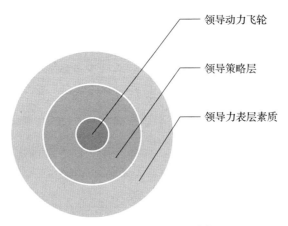

图11-2 领导力的三层结构

领导动力飞轮处于最中心,通过持续修炼不断变大变强。中间层是领导策略层,在不同类型的企业、不同国家的企业、企业不同的发展阶段,领导者需要采取不同的策略。这一层也包括由领导者个人过往经历塑造的自身独特素质。最外层是领导者与外部世界的互动,实际扮演领导角色并产生价值，体现出来的是各种领导力表层素质，即传统的领导力模型所描述的素质。整个体系的能量来自处于中心的领导动力飞轮，它带动外圈层显性的领导力表层素质不断成长。

修炼领导动力飞轮

飞轮的每一个源素质，都可以分为两部分，一部分是心态，另一部分是技术。两部分互为支撑，通过心态调整让技术发挥更大威力，同时通过练习和技术的使用让心态不断得到调整，做到术道同修，让飞轮转起来，形成自己的习惯。

解决问题
- 心态：以问题视角看世界，把任何挑战都构建成为待解决的问题。
- 技术：解决问题七步法，各种系统性思维框架等。

结果导向
- 心态：不做没价值或低价值的事情。
- 技术：制定成功标尺、项目管理方法、待办事项清单等。

寻求异见
- 心态：因为不同，才更有价值、才有无限可能；闻过则喜。
- 技术：任何清单的最后一项必须是"其他……"；每次形成决策时马上自问"万一我错了，坑会是在哪里呢"；理解各种决策偏见等。

成就他人
- 心态：给别人创造价值，自己才有价值；长期来看，利他就是利己。

- 技术：形成自己的墓志铭、情境领导力方法，给出和接收反馈等。

领导动力飞轮的修炼，是一个长期持续的过程。开始时通过在技术层面的工具和方法上有意识的练习，提高技能的同时改变心态；之后在技术上不断熟练，心态持续改善，两者之间的磨合越来越顺畅；再往后，则能够凭着对领导力本质的认知而活用技术，不拘泥于技术而实现结果。

国际象棋和太极推手大师乔希·维茨金（Josh Waitzkin）在两个很不相关的领域都曾达到世界顶尖水平，他认为自己的真正特长不是专业，而是当目标是成为**顶级高手**时的学习能力。高手和一般选手，看起来都在同一种运动中比赛，但思维方式和学习方法有天壤之别。不同领域顶级高手之间的相似度，要大于他们和自己领域内一般选手的相似度。

维茨金把顶级高手的修炼称为"划小圈"[44]，即挖掘技能的实质所在，然后有效地压缩技能的外在表现，同时又紧紧围绕技能的内在实质，一段时间之后，广度就会慢慢缩小而力量则会逐渐增加。顶级高手一定会远离花拳绣腿，重剑无锋，大巧不工，用最少的投入实现最好的结果。

一家企业如果希望采用这种方法论来提升领导力，其高层必须相信人是可以改变的，但需要时间和耐心，之前的改变不尽如人意，是因为没有用对方法。如果老板、高管、人力资源部门不相信人能改变，只是通过招聘和人员更替解决业务问题，就不能期望建立起一个能以指数级速度成长的大规模敏捷组织。

第 12 章

敏捷转型之道

每家企业的起点和机遇都不一样，这也造就了不同的成长轨迹。由于敏捷理念最初就是产生于软件开发领域，加上互联网行业本身带有的去中心化特点，这个行业产生了一些原生敏捷组织，如阿里巴巴、字节跳动、奈飞等。但是，更多的企业是在解决规模发展的瓶颈时，通过不断思考和迭代走上了敏捷组织的道路。

我曾服务过的龙湖，就是面对发展道路上一个个问题，本着科学思维、知行合一的原则来解决问题，回头看时发现不经意间形成了一套与行业特点、自身特质和战略选择相匹配的敏捷打法。但过程中其实从来没有使用"敏捷"这个概念，也没有把某一家企业当成全面学习的标杆，而是持续通过体系方法来提高决策和执行的质量。

论语中讲到，"生而知之者上也，学而知之者次也；困而学之又其次也。困而不学，民斯为下矣"。天生就懂的人最好，通过学习而懂得的人差一点，遇到困难才去学习的人又差一些，遇到困难还不学习就太差了。在打造敏捷组织这件事上也是如此，面对越来越多变的外部世界，最好是没遇到困难就能开始学习、改变，走在困难前面。

转型需要动力学思维

不管是管理自己还是管理组织，我们必须理解因果关系和时间所起的作用。这似乎是很简单的道理，但很多时候我们会误把结果当原因，用静态思维解决动态问题。

静态思维是在某个时点对企业的状态进行分析，理解不同部分之间的关系，如费用管理与人员薪酬、人员能力与产品质量、价值观与决策方法论等。很多行业的最佳做法是总结优秀企业的共性，企业的案例研究也基本上是外部研究者对其现状的描述。

而动力学思维强调因果与时间，不仅要看到事物当下的关系，还要理解时间的作用，理解过去、现在和未来，并设计这中间的路径，让事物尽量进入一种自我强化的轨道，以指数级速度增长而不只是线性增长（见图 12-1）。同时，在对标学习其他优秀企业时，能理解现状来自几年前的选择和持续的行动，而不是简单地学习它们的今天。

对于同样的现象，使用动力学思维和静态思维得到的因果关系会很不一样。比如，房地产开发行业由于涉及的资金量很大，资金成本对企业的竞争力非常重要。如果以静态思维来看，那么资金成本高会导致企业综合成本高，是原因，而竞争力低是结果。但是，如果以动力学思维

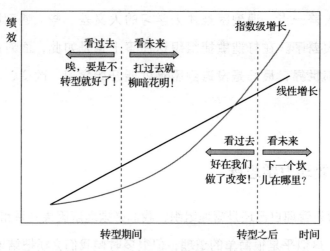

图 12-1　线性增长与指数级增长的轨迹

来看的话,企业资金成本高是由于金融机构认为企业过去的业务能力和稳健性不好而且未来也会持续不好,因此竞争力低是原因、资金成本高是结果。对因果关系的不同认识,会导致企业解决问题时采取不一样的做法。如果认为资金成本高是原因,那么企业更可能通过改变融资渠道来解决当下问题;如果认为竞争力和稳健性是原因,就会在自身能力上花更多精力。

从动力学思维的角度看转型,就更能理解为什么转型期往往会有业绩的短期下滑。转型是从一种组织运作模式和习惯切换成另外一种。之前的业绩都是在过去的运转模式下产生的,在切换过程中,新的模式和习惯需要一定时间才能达到平滑运行的状态,而这段新旧转换的过程中,组织效能往往会降低,过了转换期就能以更快的速度提高。同时,深层次企业转型需要企业算法的改变,目的是让企业未来能走上指数级增长的道路。

因此，在进行大转型时，在业绩短期下滑时高层要能从长期主义的视角理解这种变化，本质上是通过短痛换取未来的发展空间，要能扛得住来自投资者或怀疑者的压力。不愿以短期业绩换取长期发展潜力的企业，也许会用"飞机要边飞边换引擎"的比喻给员工打鸡血，实际上这个比喻不符合自然规律，只会造成浮夸文化。

龙湖在2013～2016年经历了一次静悄悄的转型（见图12-2）。企业内从来没有人提到转型这两个字，也没有人认为有转型，但实际上进行了一系列摸着石头过河的体系性改变。在这段时间销售增长缓慢，经常被业内人士和行业分析师认为落后于同行。但是企业最高层坚持长期价值原则，对短期销售额增长放缓持有豁达的态度，深知方向正确、策略没问题，只要练好内功，时间终究会是朋友。

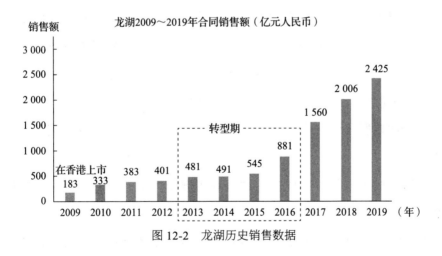

图 12-2　龙湖历史销售数据

企业转型需要以动力学思维来建构因果关系，这样才能现在播种、未来收获。但是，大企业是一个复杂系统，而市场是更复杂的系统。在复杂系统中，我们其实很难理解长期动态因果关系。怎么办？

参考之前的直接经验和间接案例，我认为敏捷组织转型可以先从构建一个小的敏捷内核开始，然后在各类业务和管理问题上不断使用这组敏捷内核做决策，并逐渐扩大它的使用范围。这就像巴菲特说的滚雪球，先要做一个小雪球，然后让它滚起来。

敏捷内核包含三个互相作用的要素。一是**方向感**，要让中高层相信共同的未来，对组织的使命、愿景、核心业务逻辑和管理理念形成一定共识。二是**方法论**，建立一套共同的价值观和科学解决问题的方法论，粗糙没有关系，但关键的部分一定要有。三是**成就欲**，有意识地激活大家的自主意识和成就感，特别是管理层更要有一种舍我其谁的英雄气概。

之后，要让这组敏捷内核在各种业务和管理场景中应用起来，让组织在这个过程中产生变化。个人和组织习惯的改变，是件很痛苦的事，一定会花很长的时间、多次重复。需要让大家从知道敏捷的道理开始，逐渐变得真正相信、真正愿意去这样做，才能产生有信念的行动，并因此让组织和个人进化。这个过程需要高管以身作则，也需要有能够扮演转型教练的转型领导者，能用信念、意志、方法来成就他人和组织。

组织成长与领导者成长的过程其实遵循类似的逻辑。从动力学视角来看，组织的成长逻辑是以企业算法为核心，而领导者的成长逻辑是以领导动力飞轮为核心，两者互相咬合、彼此促进。当我们说企业成长的瓶颈是一把手的学习能力时，就是说组织和个人的成长轨迹需要互相匹配，**只有指数级增长的领导力才能驾驭指数级增长的企业**（见图12-3）。

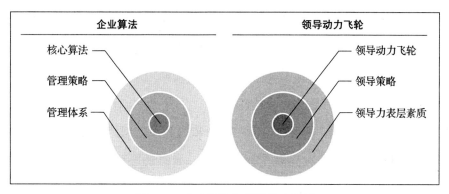

图 12-3　企业算法与领导动力飞轮

构建敏捷内核

相信共同的未来

对于规模已经很大的组织，在过去的成长过程中已经形成了一套习惯打法，但正是这套为过去建立起来的体系，让组织难以应对未来的变化。对企业一把手的考验，是要看其是等组织撞到了规模之墙后才会发现需要换一种打法，还是能提前几年看到这个撞墙的趋势，然后及早决定让体系脱胎换骨，即使这种转型会有失败的风险。这就像螃蟹在成长过程中，一生要换几十次壳，把已经变得又硬又饱满的壳，蜕换成大且柔软的壳，为成长创造空间。但是，这个软壳的蜕化阶段是螃蟹最脆弱的阶段，冒着当下的风险来获得未来生长的空间，也是一种概率化生存策略。

领导者需要在组织内形成必须要改变的决心，首先是高管团队要对变革达成共识，然后通过在组织中放大这种共识的作用，让中层和基层员工感到变革的必要性和紧迫性。如果企业已经出了很多问题、不得不改，员工基本上都已经感到了危险，此时的变革动力是生存。这种变革虽然容易让大家认识到必要性，但是由于问题积累增多、企业资源不足，成功的概率相对较低，可能要先收缩规模再进行调整。最好的变革时机是在企业经营还算不错、资源相对充分的时候，这时的挑战是如何让中高管认识到变革的必要性和紧迫性。

解决这个问题需要回到组织的使命和愿景上。组织的使命是其存在的价值，是要为这个世界解决什么问题，而愿景是对未来的共同想象。如果拥有一个伟大的愿景，就可以拿现状与愿景相比，在高层讨论中问大家一个问题：如果我们沿着现在的这条路走下去，能走到未来吗？如果答案是"能"，就需要确认到底是真的可以走老路、不需要转型，还是因为愿景不够高远，没有挑战性。比如，阿里巴巴的使命是让天下没有难做的生意，愿景是成为一家活 102 年的好公司，如果每年都用这组使命和愿景来对比企业现状，其实任何时候都很难认为大功就要告成，不需要再做改变。

在更新了使命和愿景并形成真正共识后，高管团队还需要形成一个战略方向和大致路径，并检验敏捷组织的整体逻辑和战略选择之间的匹配度。

如果企业之前采用传统的科层制模式，很可能高管团队过去没有真正以团队的形式讨论使命愿景和战略，而是老板定了后给大家分配工作。因此，必须以一种新的团队形式进行讨论，才能产生真正的共识和认同。老板或一把手必须从这时开始，就以敏捷组织的理念开展工作，放下权威，而不是简单地给指令，要创造一种让团队共同工作的环境。这往往是创始人、老板心里很难过的一关，但如果想要让组织走上指数级增长的通道，就必须要做到。否则会知行不一，往下走的时候就会常有拧巴的感觉，动作做不到位，导致投入了很多时间、精力、金钱等成本，但创造不出应有的价值。

确定共同的价值观和方法论

传统组织与敏捷组织在解决业务问题的方法上，重要的差别是敏捷组织更多地通过协同解决问题的方法来处理新信息、新情况，而不是把问题简单地交给上级决策，然后听指令去执行。因此，转型的起步阶段要选择一种协同解决问题的方法以及与之相匹配的价值观。在企业即算法的视角下，价值观不仅是大家共同遵守的行动准则，更是方法论不可或缺的组成部分，是用来处理长期性、模糊性问题时所用的决策依据，最终必须要体现在对业务结果的正向影响上。

在龙湖的管理实践中，企业根据长期以来形成的简单直接、低权力距离的价值观，选择了基于麦肯锡解决问题七步法形成的"工作站"方法论。而另一家企业在实践中，因为过去曾经做过精益管理项目，虽然由于种种原因导致效果不明显，但毕竟精益在本质上与敏捷组织一脉相承，所以这也算是个好起点。这家企业在精益管理的基础上，结合其他方法，开发了公司自己的一套通用方法论，同时通过在价值观中强调简单真实来匹配方法论。

因此，只有价值观是解决不了问题的，只有方法论是解决不好问题的，两者必须相互作用，形成基于科学思维的工作方法。同时，老板和高管要从给下属答案转变成为训练团队自己得出答案，做教练、给资源。如果自己当前的能力还不足，就需要放下身段和大家一起学习。

科学思维，可以先从求真开始。由于传统组织内管理迭代的速度慢，一般会导致实际运作方式与管理制度中规定的运作方式之间有不少差异，极端情况下规章制度可能基本失效，而组织主要依靠不成文的规则在运营。这时候，如果本着实事求是的精神，能有人指出名义制度和实际情况之间的差异，就相当于打扫家的时候掀起盖着灰尘污垢的地毯，之后才能做出改变。这似乎应该是很简单的事情，但现实中指出问题的人需要很大的勇气，而领导者就要创造出一个求真、安全的环境，减少对个人勇气的要求。

求真求实可以从小事开始做，慢慢就会影响到其他方面。比如开会，很多公司的会议往往不能按事先确定的时间开完，特别是组织中一把手参加的会议，很难控制会议时长。前一个会议延时，就会影响后面的一系列会议。我在龙湖工作的早些时候，有次在高管的管理会议上谈到按时开会的问题，有人提议按照某企业家俱乐部的做法，迟到一分钟罚款100元。大家都觉得不错，但没有人愿意做执法者，最后我扮演了这个角色，一做就是三年。不管是谁迟到、不管什么理由都一视同仁，一年下来董事长和CEO由于会议安排最满，他们被罚最多。但到了后面，因为大家已经养成了好习惯，迟到的情况越来越少，罚的钱也越来越少。虽然只是会议迟到罚款这一件小事，但是它起到了几个作用：因为不想下一场会议迟到，所有会议结束得更加准时；大家更会根据议题情况预估会议用时；每个会议的讨论更加高效。更重要的是，长期下来，这一提议强化了组织对说到做到这一承诺被达成的期望值，由于董事长和CEO也一样要交罚款，同时强化了规则面前人人平等的氛围。

激发个体成就欲

有了共同的方向感，协同解决问题的方法论和价值观，还需要让更多的人有自己主动去解决问题的意愿。从传统组织转型到敏捷组织，需要更多人能够自我驱动，从"要我做"变为"我要做"。这种"要我做"心态产生的根源，在于过去的管理模式中，长期存在一种老板下指令而下属听命令的工作习惯，并且在双方角色日渐固定的过程中得到不断强化。当企业规模大了以后，老板忙不过来，这时希望下属能变成"我要做"，实际上需要双方都要能打破旧习惯、形成新习惯。这种习惯的改变，需要上级先后退一步，为下属向前一步留出空间。

上级要放下身段。在上下级关系中，上级占有强势地位。因此，如果希望下级能够更主动，从坐车的乘客变成开车的司机，就需要主动把司机的位置让出来，否则下级主动去抢这个位子的话就成了夺权，在科层制的逻辑里是大忌。上级需要真心认同这种做法，理解它的重要性，才能在放权的时候做到身心一致，而不是做做样子，下级才有足够的安全感采用不同的方式做事。

下级发展自我意识。下级在向前一步的时候，是在背离自己过去多年的习惯，会感到非常不舒服。这种不舒服来源于行动上需要与过去割裂，成为主动行动者，内在却是被过去的长期习惯塑造出来的被动服从者，内外不一致产生了不舒服、焦虑、恐惧。因此，下级需要有心态上的转变，在组织的共同愿景牵引下，慢慢形成更强的自我实现的愿望，敢于想象自己身处一个不一样的世界里，在那里，舍我其谁。当把内心的状态调到与外在行动一致时，同时感受到上级的真实意图，就会更容易做出之前做不到的事情。

容许一定程度的失败。在放权的过程中，上级需要调整对失败风险的认知。对于任何创新，都需要容忍一定程度的失败，从传统组织转型为敏捷组织的过程，也是一种创新，需要容忍一定程度的失败。同时，对风险的大小要有清晰的认知，设定止损点，如果风险太大就需要适度介入，与下属共同解决问题。其实，这是一种领导力技能，即情景领导力，根据下属的意愿和能力水平来调整管理手段。经常听说的"一放就乱，一管就死"，其实是一种静态看问题的角度，并没有考虑到下属能力提升所需的机会、支持和时间，这也是为不做变革找出来的理由。

引入新鲜血液。如果组织过去受习惯的影响非常强，而且过去没有通过学习发生改变的成功体验，就需要以榜样的力量来影响大家。企业可以从一些敏捷组织引入一些新人，形成鲶鱼效应，通过新人的工作习惯让大家意识到"原来还可以这样做事情"。

围绕内核生长

知信愿行果

广义来讲，所有高价值的管理行为都是变革管理，都是让一家企业变得比昨天更好一些。但过程中经常会发现，从方案制定到落地实施、从知道到做到，十分艰难。比如，"企业文化上墙容易下地难""制度写得很清楚，大家就是做不到""战略很好，但执行力不行"，等等。

首先，"知"必须具有很强的行动指导能力。知识可以有两种价值，即解释现状或指导行动。具有解释能力的知识容易产生、数量众多，我们日常看到最多的是这类知识，更容易受其影响；而具有行动指导能力的知识数量少，曝光率低。

其次，知与行之间实际上隔了三道沟。从知道一个道理到真正相信，是第一道沟，跨越它需要榜样的力量或自己的想象和推理；从相信一个道理到自己愿意去做，是第二道沟，跨越它需要勇气；从有了意愿到真正产生行动，是第三道沟，跨越它需要能力。只有跨越这三道沟，才能把知识转化为行动。

最后，在不确定的世界中，行动和结果之间是概率的关系，而不是决定性关系。因此，当一次行动无法产生期望的结果时，要能通过复盘和迭代来判断是应该调整做法还是坚持下去，从而进入新的一轮循环（见图 12-4）。

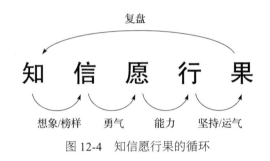

图 12-4　知信愿行果的循环

在整个过程中，勇气是成就卓越企业最重要的品质。在人所有的美德之中，勇气最为稀缺。勇气具有超越性，让其他品质成为可能，比如，行动时是否有勇气纵身一跃、面对挫折时是否有勇气再试一次、复盘时是否有勇气直面自身问题等。

敏捷组织的道理很简单，但是从知道到做到之间的距离，就是优秀企业与一般企业之间的距离。这个过程没有捷径，只能刻意练习，把方法论用在实际问题上，才能不断强化知信愿行果的循环，逐渐把新方法变成习惯。

在龙湖的管理实践中，通过集团与地区公司之间的战略共谋、集团职能战略和组织研讨、工作站模式在项目定位中的试点等各种工作，逐渐让组织越来越习惯用科学思维和方法论来解决问题，而不是靠权威和经验来决策。这些工作虽然表面的产出是一系列管理提升行动或是不同组织单元的战略，但是更重要、更长期的产出是团队协同解决问题的能力，而这些能力又可以用来解决其他问题。这些工作的深层价值，是当下借事修人，未来用这些人做更多的事、更好地做事。

从敏捷组织转型和学习成长的角度来看，在做事上进行修炼的时候，还是要回到讨论工作站模式时提到的解决问题的"四层面"思维上，才能让围绕敏捷内核的生长速度更快。四层面思维的第一层面是解决眼前的问题；第二层面是解决结构问题，通过迭代体系甚至重构体系，让这类问题在未来不出现或少出现；第三层面是解决能力建设问题，让组织在做一件事的时候必须能同时强化那些长期有价值的工作方法和能力；第四层面是解决价值观问题，通过在真实场景中不断磨炼，使价值观成为组织共同的行为准则和决策依据，成为组织习惯。

转型领导者

从传统组织向敏捷组织转型，在重要性方面，首先是个人以及组织的一些深层假设、思维方式、工作方法的转变，然后才是组织架构、业务流程、决策方式等机制的转变。但是，深层的转变不会简单地通过从上到下的宣讲就能实现，而必须在具体的工作场景中，通过用与以往不同的方法工作，在这个过程中体会到不同假设和思考方式的变化带来的效果，然后重复、重复、再重复，逐渐内化这种变化。转型不是靠在主席台上讲话、签责任状、培训、绩效管理就能产生的，而是通过在过程中投入时间、体力、心力、愿力积累出来的。

这是个学习新习惯的过程。优秀的运动员在这种突破性学习中，往往需要一个好教练来帮助自己看到自己看不见的那些方面，共同探索形式之下的深层问题，然后通过练习逐步形成新习惯。美国高尔夫选手老虎伍兹为了让自己的发球保持在高水平，每次身体状况发生重大变化时（比如年龄、伤病对力量的影响），就会调整挥杆方式。他在过去20多年间进行了五次挥杆方式的调整（1997年、2000年、2008年、2012年、2017年），每次调整都找不同理念的教练，每次都要耗费很多时间，并且他的比赛成绩在调整期会下降。伍兹为了持续卓越，每次都选择主动变化并愿意投入。

组织习惯的改变是基于个人习惯的改变。一方面，由于组织中人与人之间的长期磨合会让旧习惯的影响更强，改变起来需要更大的力量；另一方面，如果有少数人能够坚定地改变，就可以给其他人带来更高频、更直接的冲击，让更多人看到变化的可能性和带来的价值，从而加入变革中，实现"星星之火，可以燎原"的态势。

就像运动员训练中教练扮演的角色，敏捷组织转型也需要类似教练的角色，才能变得更好更快。这个角色有时候是董事长，有时候是一位高管，有时候可以是一位长期顾问。不管这个角色具有怎样的背景，都需要有几项共同特质。

对敏捷组织的体验和认同。最好是在敏捷组织的环境里有相当时间的直接、浸入式体验，这样对于一些重要的细节会有更深刻的理解和认同，比如，更加平等的上下级关系、讨论问题时对事不对人的直接程度等，有助于更好地理解为什么在这种组织环境中，大家可以做出其他情况下很难做到的成果。有了这种深度体验，就可以更好地捕捉到转型过程中的重要细节，洞察这些细节背后的假设，从而及早进行干预。比如，在已经开始强调上下级平等关系的变革过程中，如果一位领导者还在用"你们要给我做这几件事……"这样的语言时，可能就反映了这位领导者潜意识中还是认为他人是在"为我"工作、要"听我的"，这样会削弱他人好不容易开始萌发的自我成就动机。

强大的系统思维和学习能力。敏捷组织的关键是协作解决问题、提高决策的质量和效率，这些都是要在实际工作场景中事上练、干中学，而不仅是做几次培训、参加工作坊就能做到的。因此，教练角色的扮演者必须在解决问题的通用方法以及行业问题上有深厚的功力，才能和大家共同解决问题。同时，也必须有强大的学习能力，能在不熟悉的专业领域快速掌握关键问题的核心逻辑。

情商与"理商"的平衡能力。教练的工作方法是通过观察现场情况，对他人提出反馈并共同去解决问题。敏捷组织需要建立起很强的规则感，不管高层还是一线员工都能按照共同的、透明的规则去做事，才能降低协作成本、提高效率和质量。但是，在让人产生内心认同的行动时，又必须有很强的同理心才能找到让人产生改变的触发点，提出切中要害的反馈。因此，必须要在同理心和规则感之间做到平衡，以同理心去理解人，以规则感建体系，有情商也有"理商"。如果过分强调情商，就容易接受现状的合理性，则难以基于理性建立起体系。

善意与勇气。很多人在接收到反馈的时候，会因感觉到威胁而采取防御的状态，这样就会对信息产生封闭，进而对提出反馈的人关闭内心。

在组织进入到转型期的时候，需要越来越多的人用成长型思维来看待反馈，创造出更开放的氛围。同时，也要求扮演教练角色的人以及团队中更多的人，能够以成就他人的心态为底色，能在提出反馈的时候传递出善意的正面信号，而不是发出挑毛病和批评的负面信号，让接收反馈的人更愿意听进去。我在龙湖期间，为了在讨论中引发有价值的互动，特意把个人沟通风格从避免冲突转化成必要时刻意制造冲突来暴露问题。这需要勇气，因为你永远不知道别人到底怎么看待冲突，会不会切换到心理防卫甚至攻击的状态，而勇气的来源就是四元框架中的爱与信念，以此战胜恐惧。但由于出发点是解决问题，绝大多数人（当然并不是所有人）都能慢慢理解我的动机是要帮助对方和组织成功。

在大组织中实现敏捷转型，需要自上而下的改变，尤其是组织中的最高层，因为传统组织中最高层是决策的起点、是权力中心。只有拥有权力的人真正认同这一未来组织形式，深刻理解它会为企业带来的长期复利增长，愿意为更高远的目标而放下对权力的执念，主动让渡出部分权力，才能让变革顺利地走下去。高层的改变，会通过组织这一放大器，进而影响中层和基层的同事，会在某些更有勇气和能力的小团队中去尝试产生新的想法和做法。

因此，当我们说"拥抱变化"的时候，不能只说给别人听，让别人拥抱变化，而是首先说的人自己就要拥抱变化，在适度的不适感、失控感中寻找未来，才能让变化和成长真正发生。这也是领导者的底色。就像克劳塞维茨在《战争论》中所说，当面对战场无处不在的不确定性时，领导者需要有两种素质："第一，智力，甚至在最黑暗的时刻，仍保持某种引向真实的、微弱模糊的内在光芒；第二，勇气，用于跟随这模糊微弱的光芒,不管它引向哪里。"

本书附录包含一篇我之前写的文章《企业战略五层楼》,介绍了首席战略官在一个组织中可能扮演的五个层次的角色。虽然是以战略职能作为背景,但对高管角色其实都适用。只有成为彼此的护持人、彼此成就,高管团队才能在领导转型的过程中将智力和勇气发挥到极致,让企业走上卓越之路。

改变从来不容易。企业在进行大变革时,大约只有 1/3 的概率能成功,其余的会流于平庸甚至消亡。但正因为如此,才能让那些勇于、善于改变的个人和企业,因为长期选择去做艰难但正确的事情而获得超额回报。这就像做投资,如果你相信没人能够获得超越市场平均的回报,那就投资低成本的指数基金,获得平均回报(投资中称为贝塔);如果你相信能有办法超越平均回报,那就去寻求超额回报的基金(阿尔法)。相信并做出改变,就是在个人和组织成长中的超越平均,追寻阿尔法。

附录

企业战略五层楼

在全球化、城市化、互联网和移动技术革命、货币量化宽松等宏观趋势的"完美风暴"中，过去的 20 多年里，中国走出了一个超级上升周期。在单边上涨的大趋势中，对企业家和企业来说，发现机会、敢于冒险、善用财务杠杆是最重要的价值创造手段。

2020 年年初，新冠肺炎疫情暴发，加剧了已经开始的逆全球化。国际局势、国内政策、产业结构、客户偏好、竞争态势快速变化，全球面临百年未有之大变局。

如果说 2003 年的 SARS、2008 年的金融危机是黑天鹅的话，这次我们正在面对的是一只灰犀牛。保持财务稳健、敏锐识别机会和风险、灵活配置资源、战略和执行高度耦合，是下一阶段企业创造价值的核心逻辑。

战略，是企业在不确定的世界中寻找一定程度确定性的方法。

企业家必须认真思考未来的选择和达到彼岸的路径，有些企业开始升级企业的战略部门。准确理解并定义战略部门在组织中的定位，才能让这个部门产生该有的价值。

一个部门的定位，是指这个部门与老板及其他部门之间是怎样的互动关系，在此过程中为组织创造怎样的价值。我们平常会说"环境塑造人"，其实环境本身并不塑造人，而是每个人与环境的互动塑造了人。企业家与战略部门之间的互动关系，会塑造这个关系中每个参与者的认知和行为，由此产生的一系列决策会让组织走上不同的路径。

首席战略官的定位

不管是国内企业还是国外企业，战略部往往是组织里角色最模糊的一个部门。麦肯锡、BCG等管理咨询公司都曾在全球范围内对公司首席战略官的角色做过研究，但是由于中国企业发展阶段、治理结构和管理实践与西方企业有很多不同，这些研究的结论很难让国内的老板们产生共鸣。

在中国过去的超级上升周期中，如果企业采取了积极冒险的策略，通过加大财务杠杆来快速扩张、跑马圈地，结果往往是不错的。然而，宽容的大环境带来的成功，容易让企业掌舵人高估自己的经验和能力，不容易听进不同意见。在面对外界快速变化、模式切换，或者试水新业务时，企业会承担很大风险。

德鲁克曾说，**战略不是研究未来做什么，而是研究现在做什么才有未来**。战略，是关于未来的想象和判断、对当前现实的认知、对胜利的信念、重大资源的分配以及过去习惯的改变，从而实现组织的愿景和目标。这是糅合了科学、艺术、信仰的手艺。在不同行业、行业不同发展阶段、不同类型企业、企业集团和业务单元层面，战略工作需要解决不同的问题。

在组织架构中，战略职能会以不同名称出现：战略研究、战略发展、战略投资、战略企划、战略管理等。在这些形式背后，从组织设计的角度，需要考虑的核心问题是：企业内部的战略职能应该有什么价值？如何产生这种价值？

评估战略部门价值的难点在于，其工作结果高度滞后，相比之下，销售、制造、财务等职能更容易通过当期的业绩结果来评价其价值。因此在结果实际发生前只能从过程评价战略部门，最常见的是由内部客户（主要是老板）给出一个类似满意度的打分。这种评价会让战略人员加大对过程中老板满意度的关注；但过度关注过程容易让人的思维方式变形，把过程误以为是结果，从而减弱对企业长期结果的关注。

这是一个悖论：帮助企业最大化长期价值是战略工作者的核心价值，而评价当期满意度则让他们关注当期如何让老板满意，而不关注企业的长期价值。

所以，在"战略成果"达成前，如何评价战略职能的工作质量？**在实践中，最好的标准也许是，看战略部门能否帮助组织持续做出高质量的重大决策，以及在执行时团队是否有胜利的信心和敢于投入的勇气。**

怎样做出好决策？从古代智慧到现代决策理论，都有很多过程最优的方法可以用，比如，华为的"蓝军"、芒格的多学科思维框架、王阳明的知行合一、塔勒布的反脆弱理论等。老板和战略部门必须在价值衡量维度与决策方法论方面形成共识，才能真正做好战略工作。

如果以"能否帮助组织和一把手持续做出高质量的重大决策"为标准,中国企业里战略职能的角色可分为五个层级,就像一栋楼房,分为地下两层、地上三层。

- B2 层:写手
- B1 层:帮手
- 第 1 层:研究员
- 第 2 层:参谋
- 第 3 层:护持人

为什么不是从一层开始计数,而从地下二层开始呢?在建筑术语中,地面称为"正负零",地下为负,地上为正。

地下两层角色(写手、帮手)的工作主要是证明老板是正确的并帮助传播他的想法,但往往会降低决策质量。从地上一层开始,战略职能才能真正开始把提高重大决策质量作为目标,从一层到三层,战略决策质量和战略执行成功率逐级提升。

在每一层,战略从业者的工作场景,与老板和组织的互动关系,能反映企业战略决策和执行的质量,同时也可以预见战略从业者的成长路径。

战略五层楼:地下两层

B2 层:写手

把老板的想法落到纸面上。

企业在从小公司的管理方式过渡到中型公司时,老板往往需要通过战略部门来安排一些中长期工作。由于大部分企业的创始团队是一个强势老板带几个兄弟的"团伙",大家都习惯了"战略是老板的事,组织里其他人只要听老板的就好"的模式。

"听老板的",这个方法在过去一直被证明是对的,老板的决策也一直被证明是对的,否则企业也活不到今天。这种情况下,战略部门往往只负责把老板的想法以更系统的方式、更有高级感的文字和图表,呈现在文件或 PPT 中,供老板在各种场合宣讲。虽然部门名称中有"战略"两个字,但是实际角色更类似秘书。

典型工作场景中,会听到老板说类似这样的话:"小刘,你们要把我昨天讲的话,仔细整理出来,形成五大战役、十项任务。"长期在这种场景里工作,战略人员会逐渐失去独立思考的意愿和能力。从外部招聘的高级战略人才,往往难以适应这样的工作场景,要不很快离职,要不横下心来融入。

处在这种关系中的战略人员,生存策略往往是强化对老板的依附关系,长期做"战略"工作或在企业内部转岗。这种关系对组织的长期影响是负面的,会导致老板在企业内部难以听到不同的观点。如果没有外部交流,没有外部顾问来提供参考意见,其决策质量会逐渐下降,增加企业风险。

B1 层:帮手

证明老板的想法是对的。

企业家一般都不想被看作一言堂的领导者,而希望通过分析和讨论等方法让高管团队理解自己的战略,但是内心里不一定认为他人真有足够的战略思考能力。

在这种关系中，老板往往通过个人思考形成战略思路，然后让战略部门来研究这些想法的正确性。之后，战略部做出图文并茂的战略报告或 PPT，由老板或战略一把手向组织内其他人宣讲。在这个过程中，战略部门也明白自己的工作只是证明老板的想法是正确的，而不是提出独立观点。如此这般，战略部门对提高组织决策质量并没有帮助，反而会强化老板的认知盲区，降低决策质量。

典型的场景是，老板让战略部门去做某项新业务的研究，但是团队在分析数据和讨论结果时，会有人说："老板上次说要进入那个市场，但是这几个数据点不太好，和老板的想法有冲突，我们还是去掉吧。"战略部门就这样"挥刀自宫"，降低了决策质量。

战略部门虽然要做一些研究和说服工作，但由于其出发点是证明老板是正确的，因此不能以科学思维为基础去做研究，导致较低的专业能力和价值。在商业领域，科学思维体现在是否接受任何观点都是可被证伪的。

帮手层级战略人员的生存策略依然是强化对老板的依附关系，通过忠诚体现价值。和写手类似，这种单向关系会让老板的认知与组织的真实状态逐渐脱节。由于组织缺乏由下至上的信息传递途径，战略越来越宏大叙事而执行的效果越来越差。庙堂与江湖的信息阻隔，是大组织从看起来很厉害到快速衰败、崩溃的一个重要原因。

如果一家企业的战略部门，只能充当"写手"和"帮手"的角色，他们的工作出发点又都是为了证明老板是正确的，就会处于心理矛盾之中，长期下去甚至导致抑郁症。

问题的根源出在哪里呢？答案就在于"证明老板正确"并不等于"让企业成功"，就在企业家对战略部门的认知和彼此的关系之中。

战略五层楼：地上三层

那么，首席战略官在中国企业里有创造非凡价值的机会吗？答案是肯定的。前提是，**企业家要有意识和勇气让战略部门可以对其"证伪"，而不是要求战略部门仅仅"证明正确"**。任何一个组织的资源和时间都是有限的，因此才需有战略选择，从众多选项中挑选出最好的那个，然后大力投入。这就是证伪的价值。当然，这就要求首席战略官及其团队有能力去超越写手和帮手，扮演好研究员、参谋，甚至护持人的角色。

第1层：研究员

以靠谱的研究，为老板提供专业决策支持。

在这个场景中，企业家对个人思维的局限性有清醒的认识，真诚希望有人能作为自己的思考伙伴，这就需要研究员的角色了。由企业家输入或者战略部门自主确定议题（宏观、市场、对标、策略等），战略部门进行研究并提出明确的观点和建议，向企业家汇报并做讨论。企业家把这些研究作为专业支持材料，自己思考形成战略；战略部门随后整理战略文件，组织小范围讨论并形成最终战略，再向组织内的其他员工进行宣讲。

如果我们确信一个组织的战略能力就是能够持续做出正确的重大决策，战略思考从这一层才算真正开始。无数历史经验证明，只有秉承了实事求是、科学思维的正道，正确决策的概率才会高。这种场景下，老板可能会在某个报告会上说："你们的研究很有启发，看来我对那个市场的判断不对，需要调整。"

恺撒曾说："没有人愿意看到现实的全部，大多数人只希望看到他们想看的部分。"老板如果愿意并能够根据新的数据来调整原先的思路，愿意接受他原本不希望看到的现实，将能大幅提高决策质量。同时，老板对不同意见的开放、宽容、鼓励，会帮助战略人员建立安全感和专业价值感，未来可以更好地扮演自己的角色。

在这种场景里，战略部门提供数据和分析，作为制定战略的输入，但还没有涉及其中最具挑战的部分，如信念的力量、艰难的取舍、组织能力建设等。为了能提供高质量输入，战略部门核心人员必须要有独立思考的意愿和能力，在理解决策者最终偏好的基础上，能呈现具有说服力的研究成果。

这种能力在企业之间具有很高的可迁移性，所以战略部门的最优生存策略是依靠专业能力，保持内心和思维的独立，不依附但理解老板，能够有效沟通。也只有用这样的心态，战略研究员才能做出有价值的工作成果。

第2层：参谋

与老板和高管共同形成高质量的战略决策。

这一层，企业高管已经比较熟悉战略管理的目的和工作方法，理解高质量的战略决策取决于思考问题的广度、深度和长期性。老板和高管团队之间经常会有较高质量的互动。战略部门利用并加强这种有信任的互动关系，在企业高层促成具有高度共识的战略，让团队在资源分配阶段更有信心和决心。

战略部门会组织高管团队与老板共同制定战略，研究趋势、终局、客户、市场、竞争、内部能力等并以此作为制定战略的输入。共同讨论可能的策略并做出选择，形成关键共识；然后，整理出成文的战略并与高管们一起进行战略举措的详细分解，从而让大家在执行时更有信心。

在战略执行阶段，战略部门负责组织定期回顾和调整。在这种场景下，高管们在讨论时会有更多建设性的争论，比如："我们就这么多资金，如果投到购物中心资产上，那三年后公司的销售排名可能会降2～3名，我们可以接受吗？"首席战略官需要在各种碰撞场景中有意识地挖掘组织内的冲突和张力，并从底层解决引起冲突的原因，推动建立高质量的共识。

除掌握战略制定的工具、方法外，首席战略官还要有很强的好奇心、想象力、务实精神和逻辑思维能力，拥有芒格提倡的跨学科思维框架（管理学与经济学、社会学、心理学、生态学、生物学等其他专业的合作）。

能做好参谋的战略人员具有独特的专业技能，在不同企业都会有用武之地。因此，在必须选择做人（让老板高兴）还是做事（让老板更好）的时候，由于有足够的心理安全感而敢于选择做事。这样的心态可以让他们更独立客观，能表达让人不舒服但对企业有价值的观点，反过来能为组织和老板带来更大的价值。

不过，参谋的角色也有其局限性。在不确定性很高的行业和市场（比如互联网、中国房地产行业等），需要在执行战略时更及时地接收反馈，才能更好地应对不确定性。但由于战略制定者扮演参谋的角色，其团队构成和已经形成的工作模式不容易让他们把影响力渗透到执行阶段。

因此，当企业无法实现战略目标时，往往是执行者质疑制定者（"当时战略就定错了"），制定者贬低执行者（"战略没错，就是执行力不行"）。这种互相找借口的状态会让组织变得松散，战斗力降低。

这时，就需要战略团队扮演更高一层的角色，护持人。

第3层：护持人

把战略融入日常，让组织长期成功。

在高度不确定的环境里，承认我们无法预测未来，但相信我们可以塑造自己的未来，是制定战略的真正开始。

战略和执行之间的反馈频率需要大大加快，同时留出一定的安全边界，通过快速迭代和缓冲来积极应对不确定性。华为的"方向大致正确，组织充满活力"、阿里的"因为相信，所以看见"，就是面对高度不确定环境时采取的积极应对、塑造未来的打法。

战略和执行的知行合一，意味着"执行即战略，战略即执行"，即真正的战略一定是可执行的、也只有正在执行的行动才体现企业的实际战略。执行战略时，如果阶段性结果与预期不一致，就需要反思长期战略和关键假设，并再次迭代战略。

传统的年度刷新、半年回顾的机械做法不再适用，因为外部变化并不以年度或半年的频率发生。对未来有很大影响的决策，也可能会在某个办公会或某个晚餐中就提出来。这种每天在打仗的状态，对于正在快速转型或扩张的组织尤为常见。

"护持"在佛教中的意思是在修行中一直守护。作为护持人的战略高管，必须与老板及其他高管共同建立愿景，并以敏捷的方式迭代战略和执行方案，推动组织实现长期愿景和中期目标。

制定战略后，战略团队更需要深度介入战略执行并形成业务洞见，持续判断是否应该调整战略以及资源投入水平。不断推动组织各种能力建设，包括培养中高层管理者的战略思维能力和高质量决策能力，力求短期目标与长期目标保持一致。

在日常执行中，有些看起来似乎不重要的决策，也许会对组织的长期目标造成很大影响。比如，一个组织的文化原本是鼓励讨论时提出不同意见，但在企业多次取得成功后，可能会越来越相信自己不会犯错，开始不欢迎不同意见，这样就可能产生不断自我强化的文化漂移。这时，护持人就要对这种变化保持高度敏感。

在日常的忙碌中，如何紧盯中长期的战略目标和路径图，持续判断当下的动作对未来目标的影响，并推动路径或动作的调整，是护持人的重要责任。在这种角色里，战略团队要更接地气，多往一线跑、不要只在办公室里写PPT。在平常的业务讨论中，不管是对平级还是上级，都要通过多问问题来理解背后的逻辑，或者推动大家对某个事情的思考。

护持人要有强大的心力来面对并处理各种矛盾，如长期和短期利益之间、局部和整体之间、组织价值和个体利益之间、公司政治和专业标准之间；要有足够的勇气和豁达心理来应对冲突、恐惧、选择、担当等高情绪场景；更要有纯粹的愿力把企业愿景和团队共同价值置于个人利益之上。

护持人更是一名管理变革和组织能力建设的领导者。这需要首席战略官和企业家、核心高管团队之间拥有充分的信任和化学反应，像战场上的兄弟连，是真正的合伙人和战略共谋人，是"同志"。

以道事君，不可则止

企业战略职能的这五层楼，越往高处走，对企业的价值越高。

在 B2 和 B1 层，从业者缺乏长期、可迁移的市场价值，会越做越没有成就感，自我价值缩水；

第 1 层的研究员，凭专业技能为企业做贡献，其价值在于熟练运用工具；

第 2 层的参谋，在掌握专业工具和方法之外，更需要有运用工具的"内功"；

第 3 层的护持人，在专业工具和内功之外，需要的是使命感和同理心，是相信企业和员工的共同成长，而不是一将成名万骨枯，不要因为低劣的战略让员工和他们的家庭付出无谓的代价。

地上从 1 层到 3 层，要想对组织产生长远价值，战略专业人员必须善于管理与老板的冲突。

没有冲突说明总是顺着老板的意思说，这样也许能让老板感觉好，但无法提高决策质量，没有战略意义上的价值；而冲突太大会让情绪淹没理性，即便观点本身有价值也无法影响决策者，不能提高决策质量。怎么办？

在资产管理等专业服务领域，有一个"受托人责任"（fiduciary duty）的概念，意思是客户把自己的身家委托给你，在不得不做选择时，你要做对他最好、而不是对自己最好的事。孔子在《论语》中其实早提出了类似的标准："所谓大臣者，以道事君，不可则止。"在扮演重要角色时，对上级要凭借自己的专业标准和能力，尽职尽责帮助他成功，但是，如果对方总是不听，不管是因为自己无能还是上级不够开放，都不能吃空饷，这时就应该选择离开。

企业在设立战略部门时，如果能按照五层楼的逻辑想清楚部门定位，会少走很多弯路。组织在评价战略部门人员的时候，也不会用是否能做漂亮的PPT、能写100页战略报告的写手标准，来评价参谋或护持人的角色。

真正的战略决策，涉及企业的长期发展和艰难选择，一定会是**高情绪场景**，没有争论的战略肯定不是好战略。高情绪场景很容易伤害到人，很多人会因为恐惧而不敢表达真实观点。企业家需要营造一种组织安全感，鼓励不同意见，否则所谓战略部门，只能停留在"地下室"阶段，弄点花拳绣腿的功夫罢了。

一家大型企业真正的安全感，在于掌舵的企业家是否选择相信科学思维；是否接受，只有能被证伪的观点才可能有真正的价值。否则，如果员工永远拿"老板说的"当圣旨，那就不可能打造长期组织价值，更多的时候，"老板说的"会变成员工不去主动思考和担当的背锅侠。

在我看来，所谓美好的企业，就是让员工的行为更多地被爱和信念驱动，而不只是被恐惧驱动。这样，企业与员工既能获得业绩和财务上的成功，也会获得精神上的成长。

从企业家的角度，如果能把组织的地位置于企业家个人权威之上，创造一个异见者有安全感的文化氛围，尊重个体、实事求是、开放透明，那么组织的决策质量就会越来越高，企业的价值也越来越大。

最终，企业才是企业家的终极作品，是企业家生命成长的见证和传承。

致　　谢

　　本书的基调是结合局中人和旁观者的视角，让实践和理论相结合，彼此促进、不断进步。

　　为此，衷心感谢龙湖集团董事长、CEO与各位高管，以及在各种工作场景中共同解决问题的一线管理者，在与你们的讨论、碰撞、尝试、复盘中，让很多工作方法不断成熟。感谢你们对一些当下并不产生直接业务成果的理念和方法，能以开放心态去尝试；同时，对于我在讨论问题时有意而为的、非常直接的风格，能尽量包容。也感谢在我加入龙湖之前所进行的企业文化建设，这为后来很多新工作方法的设计和推广，提供了很好的基础环境。

　　感谢中南置地和宝龙地产的高层与一线管理者，让我能在不同的企业中以不同的形式尝试敏捷工作方法，在这个过程中的思考也使得体系的底层逻辑更加清晰。特别要感谢张文印，我们在一次关于转型策略的激烈讨论中，让我想到"最小行为集"的概念，之后演变为企业即算法的思路。

　　在理论方面，则要感谢麦肯锡。它的工作方法、使命和价值观，如成就客户和员工的双重使命、客户利益先于公司利益等，让我能在关键问题上做出更符合长期价值的选择，在思考上也有更大的自由度。特别要感谢 Martin Joerss，你的理性有很强的感染力，让我受益匪浅；感谢余进和 Jeffrey Wong，和你们共同建设麦肯锡大中华区组织与转型服务业务的过程，改变了我看待组织问题的角度，让我在之后的企业实践里，更加关注变革中人们心态的变化，在更深的层面设计策略并实践。

在实践和理论的结合上，与陈凯在工作内外的交流，产生很多共鸣和启发，特别是在决策要随环境变化而动态调整、全面成本思维、知行一致性等方面。在此特别感谢。

管理方面的写作，我是从在领教工坊的微信公众号上发表文章开始的，感谢领教工坊的联合创始人兼 CEO 朱小斌与品牌顾问陈统奎的帮助。本书的书名来自我在《商业评论》2020 年最后一期发表的同名文章，感谢主编颜杰华对这种"硬核"内容的认可，没有这篇文章的话很可能就没有这本书。

感谢机械工业出版社华章分社吴亚军，在我们第一次见面的时候本来是讨论领导力方面的题目，但经过讨论后逐渐转向更全面、更能直接产生业务成果的敏捷组织转型。正是有了华章团队在后续写作过程中持续提供中肯的建议和大力的支持，才让这本书得以成形。

最后，感谢家人无条件地支持，让我能充分投入到本书的写作中，并且他们从不吝啬对我的鼓励，也更加坚定了我的信心。同时，陪伴孩子成长的过程，也让我更好地理解了领导者和组织的发展规律，不是机械的组装，而是生命的成长。

本书的内容是基于我过去 15 年管理咨询、管理实践、跨学科学习的积累和思考，这期间我也有幸从众多同事和朋友的智慧中汲取了很多营养。致谢难以穷尽，往往挂一漏万，还请谅解，但感恩之心不减一分。

注　释

［1］ 库兹韦尔.奇点临近［M］.李庆诚，董振华，田源，译.北京：机械工业出版社，2011.

［2］ 赫拉利.未来简史［M］.林俊宏，译.北京：中信出版社，2017.

［3］ 马克斯.投资最重要的事［M］.李莉，石继志，译.北京：中信出版社，2019.

［4］ 王亚军.企业即算法：破译成长、规模和转型的密码［J］.商业评论，2020（11/12）.

［5］ Barquin, Dreischmeier, Hertli, et al. The Big Boost: How Incumbents Successfully Scale Their New Businesses［R/OL］. McKinsey Digital, 2020-08. https://www.mckinsey.com/business-functions.

［6］ Saras Sarasvathy. Effectuation: Elements of Entrepreneurial Expertise［M］. London: Edward Elgar Pub, 2008.

［7］ 道金斯.自私的基因［M］.卢允中，张岱云，陈复加，等译.北京：中信出版社，2012.

［8］ 西蒙.管理行为（珍藏版）［M］.詹正茂，译.北京：机械工业出版社，2013.

［9］ 韦斯特.规模：复杂世界的简单法则［M］.张培，译.北京：中信出版社，2018.

［10］ 同9

［11］ 卡特姆，华莱士.创新公司：皮克斯的启示［M］.靳婷婷，译.北京：中信出版社，2015.

[12] 同 11

[13] 穆瑞澜，辛普森. 公司使命 = 公关噱头？45 位首席执行官这样认为［J］. 财富（中文版），2020（11/12）.

[14] Schmidt. How Fred Smith Rescued FedEx from Bankruptcy by Playing Blackjack in Las Vegas［R/OL］. Fox Business, 2020-07-19. https://www.foxbusiness.com/money/fred-smith-fedex-blackjack-winning-formula.

[15] Zenger. What is the Theory of Your Firm?［J］. Harvard Business Review, 2013.

[16] Zenger. The Disney Recipe［J］. Harvard Business Review, 2013.

[17] 柯林斯，汉森. 选择卓越［M］. 陈召强，译. 北京：中信出版社，2012.

[18] 格鲁夫. 只有偏执狂才能生存［M］. 安然，张万伟，译. 北京：中信出版社，2013.

[19] Viome 公司网站［Z/OL］. www.viome.com.

[20] Podolny, Hansen. How Apple is Organized for Innovation［J］. Harvard Business Review, 2020（11/12）.

[21] 查兰，鲍达民，凯利. 识人用人：像管理资金一样管理人［M］. 杨懿梅，译. 北京：中信出版社，2019.

[22] Ashton. How to Fly a Horse: The Secret History of Creation, Invention, and Discovery［M］. New York: Random House LLC, 2015.

[23] 斯涅克. 从"为什么"开始：乔布斯让 Apple 红遍世界的黄金圈法则［M］. 苏西，译. 深圳：海天出版社，2011.

[24] 德韦克. 终身成长［M］. 楚祎楠，译. 南昌：江西人民出版社，2017.

[25] 达利欧. 原则［M］. 刘波，綦相，译. 北京：中信出版社，2018.

[26] 汉森. 杀戮与文化［M］. 傅翀，吴昕欣，译. 北京：社会科学文献出版社，2016.

[27] 格拉德威尔. 异类：不一样的成功启示录［M］. 苗飞，译. 北京：中信出版社，2014.

[28] 杨春. 当薪酬不再与绩效挂钩［M］. 北京：电子工业出版社，2019.

[29] 道伊奇. 重塑大脑，重塑人生［M］. 洪兰，译. 北京：机械工业出版社，

2015.

［30］ 莱斯.精益创业［M］.吴彤，译.北京：中信出版社，2012.

［31］ 圣吉.第五项修炼：学习型组织的艺术与实践［M］.张成林，译.北京：中信出版社，2018.

［32］ 陈中.复盘：对过去的事情做思维演练（实践版）［M］.北京：机械工业出版社，2018.

［33］ 哈斯廷斯，迈耶.不拘一格：网飞的自由与责任工作法［M］.杨占，译.北京：中信出版社，2021.

［34］ Paul Graham. Maker's Schedule, Manager's Schedule［EB/OL］.（2009-07）［2021-04-05］. www.paulgraham.com/makersschedule.html.

［35］ Doshi, McGregor. Primed to Perform［M］. New York: HarperBusiness, 2015.

［36］ Kotler. The Art of Impossible: A Peak Performance Primer［M］. New York: HarperCollins Publishers Inc., 2021.

［37］ 同 22

［38］ en.wikipedia.org/wiki/Delayed_gratification.

［39］ 同 36

［40］ 同 36

［41］ 库泽斯，波斯纳.领导力：如何在组织中成就卓越（第 6 版）［M］.徐中，沈小滨，译.北京：电子工业出版社，2018.

［42］ Gharib. AMD CEO On Leading a Turnaround: Pragmatism and Patience［J/OL］. Fortune, https://fortune.com/2019/11/13/amd-ceo-lisa-su-on-leading-leadership/.

［43］ 同 22

［44］ 维茨金.学习之道［M］.苏鸿雁，谢京秀，译.北京：中国青年出版社，2017.

管理人不可不读的经典
"华章经典·管理"丛书

书名	作者	作者身份
科学管理原理	弗雷德里克·泰勒 Frederick Winslow Taylor	科学管理之父
马斯洛论管理	亚伯拉罕·马斯洛 Abraham H.Maslow	人本主义心理学之父
决策是如何产生的	詹姆斯 G.马奇 James G. March	组织决策研究领域最有贡献的学者
战略管理	H.伊戈尔·安索夫 H. Igor Ansoff	战略管理奠基人
组织与管理	切斯特·巴纳德 Chester Lbarnard	系统组织理论创始人
戴明的新经济观（原书第2版）	W. 爱德华·戴明 W. Edwards Deming	质量管理之父
彼得原理	劳伦斯·彼得 Laurence J.Peter	现代层级组织学的奠基人
工业管理与一般管理	亨利·法约尔 Henri Fayol	现代经营管理之父
Z理论	威廉 大内 William G. Ouchi	Z理论创始人
转危为安	W.爱德华·戴明 William Edwards Deming	质量管理之父
管理行为	赫伯特 A. 西蒙 Herbert A.Simon	诺贝尔经济学奖得主
经理人员的职能	切斯特 I.巴纳德 Chester I.Barnard	系统组织理论创始人
组织	詹姆斯·马奇 James G. March	组织决策研究领域最有贡献的学者
论领导力	詹姆斯·马奇 James G. March	组织决策研究领域最有贡献的学者
福列特论管理	玛丽·帕克·福列特 Mary Parker Follett	管理理论之母

彼得·德鲁克全集

序号	书名	序号	书名
1	工业人的未来 The Future of Industrial Man	21 ☆	迈向经济新纪元 Toward the Next Economics and Other Essays
2	公司的概念 Concept of the Corporation	22 ☆	时代变局中的管理者 The Changing World of the Executive
3	新社会 The New Society: The Anatomy of Industrial Order	23	最后的完美世界 The Last of All Possible Worlds
4	管理的实践 The Practice of Management	24	行善的诱惑 The Temptation to Do Good
5	已经发生的未来 Landmarks of Tomorrow: A Report on the New "Post-Modern" World	25	创新与企业家精神 Innovation and Entrepreneurship
6	为成果而管理 Managing for Results	26	管理前沿 The Frontiers of Management
7	卓有成效的管理者 The Effective Executive	27	管理新现实 The New Realities
8 ☆	不连续的时代 The Age of Discontinuity	28	非营利组织的管理 Managing the Non-Profit Organization
9 ☆	面向未来的管理者 Preparing Tomorrow's Business Leaders Today	29	管理未来 Managing for the Future
10 ☆	技术与管理 Technology, Management and Society	30 ☆	生态愿景 The Ecological Vision
11 ☆	人与商业 Men, Ideas, and Politics	31 ☆	知识社会 Post-Capitalist Society
12	管理：使命、责任、实践（实践篇）	32	巨变时代的管理 Managing in a Time of Great Change
13	管理：使命、责任、实践（使命篇）	33	德鲁克看中国与日本：德鲁克对话"日本商业圣手"中内功 Drucker on Asia
14	管理：使命、责任、实践（责任篇）Management: Tasks, Responsibilities, Practices	34	德鲁克论管理 Peter Drucker on the Profession of Management
15	养老金革命 The Pension Fund Revolution"	35	21世纪的管理挑战 Management Challenges for the 21st Century
16	人与绩效：德鲁克论管理精华 People and Performance	36	德鲁克管理思想精要 The Essential Drucker
17 ☆	认识管理 An Introductory View of Management	37	下一个社会的管理 Managing in the Next Society
18	德鲁克经典管理案例解析（纪念版）Management Cases(Revised Edition)	38	功能社会：德鲁克自选集 A Functioning society
19	旁观者：管理大师德鲁克回忆录 Adventures of a Bystander	39 ☆	德鲁克演讲实录 The Drucker Lectures
20	动荡时代的管理 Managing in Turbulent Times	40	管理（原书修订版）Management(Revised Edition)
注：序号有标记的书是新增引进翻译出版的作品		41	卓有成效管理者的实践（纪念版）The Effective Executive in Action